Claudia Xavier da Costa Souza

O Gestor, o Currículo e o Itinerário Formativo do professor:
um diálogo entre a gestão e a formação

São Paulo
2022

Supervisão: Departamento de Marketing da Fundação de Rotarianos de São Paulo

Produção Gráfica: On Art Design e Comunicação
Digramação: Gerson Reis Jr

Imagem de capa: Steve Johnson (Pexels)

Impressão: Stampato

```
Dados Internacionais de Catalogação na Publicação (CIP)
         (Câmara Brasileira do Livro, SP, Brasil)

   Souza, Claudia Xavier da Costa
      O gestor, o currículo e o itinerário formativo do
   professor : um diálogo entre a gestão e a formação /
   Claudia Xavier da Costa Souza. -- 1. ed. -- São Paulo
   : Editora Cla Cultural, 2022.

      Bibliografia.
      ISBN 978-65-87953-44-1

      1. Currículo 2. Currículos - Pesquisa
   3. Currículos - Planejamento 4. Gestão educacional
   5. Gestão escolar 6. Formação docente 7. Formação
   pedagógica 8. Professores - Formação I. Título.

22-139814                              CDD-375.001
         Índices para catálogo sistemático:

   1. Currículos : Gestão e planejamento pedagógico :
         Educação    375.001

   Henrique Ribeiro Soares - Bibliotecário - CRB-8/9314
```

Livro editado e organizado pelo Colégio Rio Branco.
Uma publicação de: Editora CL-A Cultural Ltda.
(11) 3766-9015
editoracla@editoracla.com.br
www.editoracla.com.br
Disponível também em *ebook*.

"Procura-se um educador
Que saiba ensinar sobre a vida.
Que compartilhe as vitórias,
Carregue nas mãos o afeto e no coração a poesia,
Que tenha a alma cheia de amor,
Que seja companheiro nas derrotas,
Que saiba escalar as nuvens e cantar melodias,
Que encante com as palavras, construa com pincéis,
Some à educação,
Vibre conosco e se emocione,
Que goste do vento e veja graça na vida simples de todos os dias,
Que acerte, mas que se permita errar ao ousar e que,
quando errar, retome o caminhar!"

Claudia X. C. Souza

Dedico esta pesquisa a você professor/gestor que, na inocência e na ingenuidade dos pequeninos, na euforia e na incerteza dos adolescentes, nos anos finais, desenvolvendo jovens profissionais... se faz e se fez presente em cada etapa. Incansáveis são suas atribuições: lança-se ao estudo e à pesquisa freneticamente, planeja seu ano, suas aulas, detalhadamente, busca novas estratégias. Quer trazer o mundo para a sala de aula, ousa, mas sabe que deverá se adequar a uma realidade nem sempre compatível com todos os seus anseios, com todos os seus desejos e sua crença.

A cada ano novos grupos vão surgindo e seu entusiasmo os acolhe como se fosse o primeiro. Aguarda a chegadacom um sorriso amigo e esperança no olhar no gesto de professorar/gestar.

Agradecimentos

A Deus, pela oportunidade da existência e aprendizado eterno.

Gratidão à orientadora, Profa. Dra. Neide A. Noffs, que sempre me redireciona o caminho e me apoia no caminhar: querida professora, obrigada pelos ensinamentos e reflexões e pela "alargada" de conhecimentos que gerou em mim. Sigo ainda buscando, pois buscar é minha travessia.

A meus pais, pela experiência de viver as lições de perseverança e fé. Em especial à minha mãe, que sempre foi meu exemplo e nunca me permitiu desistir.

Ao meu esposo pela compreensão e apoio nos momentos mais difíceis. A cumplicidade, a escuta e o carinho foram imprescindíveis ao trabalho. Gratidão ao amor compartilhado.

Aos meus filhos: Raphael, que me ensinou a não desistir dos sonhos, e Leonardo, que me faz olhar para frente sem que eu me esqueça de mim. Vocês são os meus presentes da vida!

À Alessandra, pelo carinho, cuidado e delicadeza e por ter me incentivado a continuar.

Às minhas amigas que o tempo não apagou, por se fazerem presentes no hoje: Heloísa, Cristiane, Malu e as que guardo comigo e que mesmo distantes fizeram parte da minha trajetória de maneira positiva.

À Fundação de Rotarianos de São Paulo, nas figuras do Presidente da Fundação, Nahid Chicani, e do Superintendente, Marcos Rossi, e ao Colégio Rio Branco, na figura da Diretora Geral, Esther Carvalho, pelo apoio incondicional e oportunidade de desenvolvimento. Gostaria de destacar, em especial, Esther, que me fez e faz crescer com perguntas reflexivas e me acolheu e acolhe em todos os momentos da caminhada.

À Pontifícia Universidade Católica de São Paulo e ao Núcleo de Estudos Pós-Graduados em Educação: Currículo, pelo acolhimento, partilha de conhecimentos e suporte acadêmico.

À Coordenação do Programa da PUC, Cida e sua assistência impecável e Prof. Dr. Alípio Casali, Coordenador do Programa e eterno mestre.

Aos ensinamentos e reflexões da Profa. Dra. Marina Graziela Feldmann, humanizando a educação.

Aos gestores pares que me apoiaram nesta caminhada: Renato, Valquíria e, em especial, Sueli, que, além da parceria na gestão da unidade, me inspira pela formadora que é e nunca deixou de ser.

Aos profissionais que participaram desta construção, minha gratidão pelo carinho e competência com que me acompanharam durante o processo da implementação das práticas que possibilitaram o desenvolvimento desta dissertação. Sinto-me honrada em tê-los nos grupos de trabalho: Caio, Carol, Ana Carol, Renata, Henrique (agora em outra jornada profissional), e a mais recente integrante, Paola.

À Lilyan, que no dia a dia me acolheu e apoiou nas necessidades da rotina, o que fez diferença na chegada.

Aos professores, os quais destaco nas figuras de Maryana Eiras, Daniele Ojima, Elaine Lupiane, Gisele Nogueira, deixo aqui a minha admiração e agradecimento.

Aos coordenadores de área e orientadoras educacionais, sem vocês o sonho da melhor aprendizagem não seria possível.

Aos mestres que levo comigo, em especial, Sonia Bittencourt, que despertou em mim a reflexão e a busca por uma escola que construísse um caminho de uma aprendizagem significativa e reflexiva.

À Mônica, que foi muito mais que revisora, estendeu a mão e me ensinou a respirar fundo nos momentos difíceis.

À banca examinadora, Profa. Dra. Maria Anita Viviani Martins, por suas palavras respeitosas e consistentes; à Profa. Dra. Ana Cristina Gonçalves de Abreu Souza, pelas intervenções cuidadosas e pertinentes e às suplentes, Profa. Dra. Maria Irene Miranda e Profa. Dra. Marina Graziela Feldmann, pela disponibilidade e apoio.

"Eu sempre sonho que uma coisa gera.
Nunca está morta.
O que não parece vivo, aduba.
O que parece estático, espera."

Adélia Prado

Prefácio

Início de conversa

Este trabalho desenvolvido no Colégio Rio Branco inicialmente propiciou a mim um retrospecto extremamente afetivo de minha construção como profissional e pesquisadora. Compartilho para que compreendam minha emoção. Na década de 1970 o Colégio Rio Branco, de forma inovadora, propiciava uma viagem pelo Brasil ao aluno (a) que fosse eleito (a) como melhor colega de classe e que simultaneamente tivesse um bom desempenho escolar. Ao ouvir meu nome como a ganhadora do prêmio Rotary, fortaleceu meu compromisso com o conhecimento, com a solidariedade, com as pessoas e a valorização das relações interpessoais... este fato sinalizava um novo momento.

Retomei em 2019 minha identidade com o Colégio Rio Branco quando conheci Claudia, que de forma inquieta, se propunha a construir e aprofundar o itinerário formativo de professores especialistas do Ensino Fundamental (anos finais) e do Ensino Médio, por meio do percurso vivido em 2019, 2020 e 2021 no Colégio Rio Branco.

Partimos do princípio que a escola é por natureza o lugar da Educação, da construção de ambientes educativos para que o processo de aprendizagem ocorra de forma natural por todos os profissionais nele envolvidos. Este itinerário deveria proporcionar a construção de uml profissional a partir de uma proposta transformadora, respeitando as experiências desenvolvidas pela instituição e seus professores

Claudia apresentava como foco a valorização do diálogo, da cooperação, da investigação colaborativa, da diferenciação pedagógica, da investigação inovadora a partir de como nos apropriamos do conhecimento, tendo como referência o acesso ao mesmo e a compreensão da aprendizagem dos professores especialistas no contexto da escola.

Neste cenário temos que nos atentar para o fato de que estávamos passando por mudanças profundas desencadeadas pelas novas situações advindas da pandemia, onde novas necessidades se apresentavam, entre elas a explicitação de novos espaços de aprendizagem, a tecnologia, as relações interpessoais família-escola, alunos, gestão escolar... As Alternativas para o enfrentamento e superação destas situações tinham que surgir dos próprios profissionais por meio de estudos e pesquisas da realidade vivida, do contexto da escola refletindo sobre os processos de formação e desenvolvimento profissional, 1 pelo apoio ao desenvolvimento organizacional em contextos entendidos como a promoção de práticas educativas visando o desenvolvimento dos vários profissionais. A autora ciente de seu papel como pesquisadora comprometida com a instituição, seus professores, sua equipe coube "pensar cientificamente, "pensar criticamente" no itinerário do professor a partir do diálogo entre a gestão e a formação.

As etapas percorridas

A partir do problema: o itinerário de formação de professores com base no paradigma da comunicação constitui um elemento articulador do currículo e da gestão Pedagógica? Sendo seu objetivo analisar a construção do itinerário de formação de professores com base no paradigma da comunicação.

A partir deste foco da pesquisa, se fez necessário aprofundar a concepção do currículo, gestão pedagógica, paradigmas da Educação, a formação docente identificando o contexto em que este itinerário seria construído, diferenciando gestar e gerenciar. Para a autora pandemia não se apresentou como dificuldade, mas sim, como desafio de sairmos da zona de conforto para uma grande oportunidade de nos reinventarmos como pessoas, como profissionais, como estudantes, como pesquisadores... ousarmos construir conhecimentos e itinerários de formação nesse momento difícil da Educação.

Em nossos encontros de trabalho pedagógico e científico na Universidade, ocorria semanalmente sempre tendo a pessoa humana, o contexto social, educativo, escolar, as novas leituras e conhecimentos aliados à qualidade de nossas interações que se ampliavam pela plataforma Teams, face time e outras.

Claudia descreve com rigor as ações do itinerário formativo, as situações desenvolvidas retratando a construção de uma práxis de documentação que propicia a apropriação da aprendizagem. Esta forma de registro deriva dos diálogos teóricos e das práticas experênciadas debatidas nas reuniões de planejamento. Ao final de seu trabalho apresenta um quadro síntese com as categorias de análise selecionadas, possibilitando a ressignificação do itinerário, da formação com base no paradigma da comunicação evidenciando o papel do gestor pedagógico como um gestor curricular onde o espaço educativo assume a articulação entre o pensar, o agir em contextos educativos.

Este trabalho apresenta um novo olhar para a formação de professores reafirmando nosso compromisso com a transformação da gestão da Educação construída em diálogo... está sempre em processo... sucesso nesta caminhada.

Com admiração

Profª Drª Neide de Aquino Noffs
Docente do curso de Pós-Graduação Educação e Currículo PUC-SP

Sumário

1 Introdução: inquietações da busca 17
2 Apresentação: percurso da gestora e a formação............................ 22
3 Metodologia: a pergunta e a pesquisa... 28
   3.1 Estrutura da dissertação 32

4 Contexto de análise 35
   4.1 Dados sobre a instituição 35
   4.2 Histórico da instituição 36
   4.3 Estrutura organizacional da FRSP - breve descrição 39
   4.4 Estrutura do Colégio (gestão pedagógica).............................. 39
   4.5 Elementos identitários 43

5 O currículo e suas concepções...46
   5.1 Teorias curriculares.. 46
   5.2 Tipologias curriculares... 52
   5.3 Estudos e fundamentos de sustentação 53
   5.3.1 Currículo crítico e libertador - Pedagogia da autonomia 54
   5.4 Paradigmas da Educação 58
   5.4.1 Transposição didática.. 61
   5.4.2 Metodologias ativas ou aprendizagem ativa.......................... 63
   5.5 Formação docente.. 68
   5.6 Professor e seus saberes... 81
   5.6.1 Professor como sujeito 88
   5.6.2 Professor: profissional reflexivo 89
   5.6.3 Professor: Interlocutor qualificado 91

6 Gestar e gerenciar: dimensões envolvidas......................................96
   6.1 Concepção de gestão pedagógica.. 96
   6.2 Gestar na Pandemia... 101
   6.3 Reflexão crítica: paradigma da comunicação.........................105
   6.4 O diálogo entre a gestão e a formação 110

7 Itinerário formativo **114**

   7.1 Descrição de um processo formativo 114

   7.2 Ações do Itinerário Formativo 128

   7.2.1 Encontros de Formação de Início de Ano.......................129

   7.2.2 Reuniões de Planejamento (Noturnas)...........................135

   7.2.3 Análise dos encontros de formação de início

      e durante o ano letivo..140

   7.3 Ressignificando o percurso de formação............................145

8 Considerações finais **151**

Referências.. **158**

Glossário **162**

Apêndice A – Depoimentos de Educadores **163**

Apêndice B – Texto da autora sobre educar na pandemia.............**167**

Percursos da educação formal e não formal em tempos de
pandemia **167**

3 Percursos na educação básica: um caminho construído.............**167**

Apêndice C – Carta ao educador pesquisador: o registro **173**

Anexo A – Pauta de formação: oficina *Question Formulation*
***Technique* (QFT)** **175**

Encontro Riobranquino de Planejamento 27/01/2021....................**175**

1 Introdução: inquietações da busca

A introdução apresenta o que moveu a pesquisadora a buscar a resposta da pergunta do problema apresentado e o percurso que a fez e faz educadora, o texto é escrito em 1ª pessoa do singular para dar voz à reflexão pessoal.

Voltar à Universidade no curso de Mestrado em Educação e buscar por meio dele o aprofundamento acadêmico necessário para fazer as relações e conexões me encanta e me move. A PUC fez parte da minha formação de educadora: andar por suas rampas me fez reviver uma história de busca e aprendizagem.

Contribuir para qualificar a formação dos professores, independentemente do lugar em que estou, oportuniza devolver à sociedade, de forma científica, o que tenho recebido no caminhar da educação.

A escolha estava feita: Educação e formação de educadores na área de currículo. O currículo constitui e é constituído pelos saberes discente e docente, nele estão implícitas e explícitas as escolhas que fazemos e as decisões que tomamos, é um mapa "dos sentidos" que queremos dar ao projeto político pedagógico.

A formação de educadores remete ao sentido do fazer da prática pedagógica, pois é no educador que se constitui a mediação das aprendizagens, como desafio das experiências da sala de aula e para além dela. O professor é o sujeito das intervenções planejadas e organizadas que movem e constituem o aprender. Aprender fatos, noções e conceitos, mas mais do que isto, aprender a aprender, aprender a fazer, aprender a conviver e a ser[1].

---

1 *Educação um Tesouro a Descobrir* (1998), sob a coordenação de Jacques Delors, aborda os quatro pilares de uma educação para o século XXI. A prática pedagógica deve desenvolver quatro aprendizagens fundamentais, que serão para cada indivíduo os pilares do conhecimento: aprender a conhecer indica o interesse,

A minha inquietação nasce, também, da compreensão do que mobiliza a ação necessária para uma mudança de paradigma da concepção de aula tradicional, conservadora e conteudista na ação docente a partir de referências teóricas e linhas de pesquisa que subsidiam a prática.

As escolas têm adotado alguns caminhos: a fundamentação, o estudo, a reflexão, a ação e/ou o caminho a seguir. A reflexão e a sensibilidade podem provocar a necessidade da mudança na prática do professor.

É necessário conhecer indicadores para aferir e inferir que as mudanças de concepção e metodologias produzem a aprendizagem significativa, aqui entendida por aquela que traz significado e sentido ao aprendiz no percurso de formação de professores para que elas se desdobrem em oportunidades de crescimento e sinergia de ação.

Perguntas nos levam a buscar algumas respostas, novos caminhos e novas perguntas. É essa relação dialética com o saber que move a minha busca.

Como gestora envolvida nas ações de desenvolvimento das pessoas e das equipes de trabalho, além da direção da escola, atualmente, coordeno Grupos de Trabalho que trazem para professores, alunos e demais participantes da comunidade escolar o desafio da ampliação da concepção da instrução e aprendizagem, carregam projetos interdisciplinares, formação de grupos multietários, qualificação do tempo e espaços educativos, investigação, problematização, desenvolvimento de projetos, autoavaliação, rubricas, descritores, metodologias ativas... enfim uma trajetória que traz uma nova concepção do ser docente/gestor em uma instituição com mais de 70 anos de tradição.

Busco encontrar nos estudos e na pesquisa caminhos que contribuam para o cenário da Educação: conhecer e agir no mundo.

---

a abertura para o conhecimento, que verdadeiramente liberta da ignorância; aprender a fazer mostra a coragem de executar, de correr riscos, de errar mesmo na busca de acertar; aprender a conviver traz o desafio da convivência que apresenta o respeito a todos e o exercício de fraternidade como caminho do entendimento; e, finalmente, aprender a ser, que, talvez, seja o mais importante, por explicitar o papel do cidadão e o objetivo de viver.

Identificar qual paradigma educacional é favorável para a diálogo entre o currículo, a gestão e a formação de professores, de maneira que o professor seja de fato um articulador de saberes e que a formação constitua um itinerário de escolhas, que desenvolva o sentido do fazer docente, qualificando a prática e ampliando a sua visão e, nesse sentido, que a gestão constitua, para além do viés administrativo, a efetivação de um gestor da aprendizagem é o que motivou os estudos e a análise proposta.

A articulação dialógica entre o currículo vivido e o itinerário da formação oferecido, ressaltando a importância do papel do gestor/gestão nesse processo são pontos importantes desta análise.

Pensar a educação como propulsora de avanços desenvolvendo pessoas que façam a diferença no mundo e que nele vejam o sentido de sua ação transformadora emerge de uma sala de aula sem paredes e sem o monopólio do saber e prevê um professor mediador das relações. Esse professor deve ser par avançado de perguntas problematizadoras e instigantes, assumindo o não saber para impulsionar o saber do aluno. As perguntas, ou seja, as que mobilizam o saber, é que movem a curiosidade e a busca por soluções dos problemas cotidianos, culturais, sociais e éticos. O gestor, por sua vez, necessita ter coerência entre seu discurso e sua ação, sua presença deve ser agregadora e sua ação reflexiva. O currículo, portanto, deve dialogar com este cenário.

Assim sigo buscando um plano real, sempre, para começar a trabalhar nele quantas vezes se fizerem necessárias.

A leitura da realidade não pode ser ingênua, deve ter a sua complexidade, pois temos como responsabilidade deixar o legado do desejo do saber. É necessário trabalhar o saber-fazer, refletir sobre os focos de ação, olhar criticamente o currículo, criar ambientes favoráveis para os melhores resultados de aprendizagem. O gestor educacional pode ser um articulador desse diálogo.

A ética é a vértebra da educação e o ambiente escolar é um dos ambientes formadores de identidade. Sob esta perspectiva vejo-me criando e recriando saberes, em etapas, com todas as suas dimensões. Este estudo partiu de uma intensificação e mergulho nas questões que me inquietaram e inquietam, exigiu concentração, esforço e transpiração para mergulhar nesse mundo do conhecimento.

Segundo Freire (1996, p.15), "Mulheres e homens se tornam educáveis na medida em que se reconhecem inacabados. Não foi a educação que fez mulheres e homens educáveis, mas a consciência de sua inconclusão é que gerou sua educabilidade."

Reconhecer-se inacabado pressupõe um olhar para a educação a partir de um paradigma que veja o erro como oportunidade, a reflexão como caminho e a participação do professor nas implementações com um valor institucional.

Figura 1 – Drawing Hands, de Escher (1948)

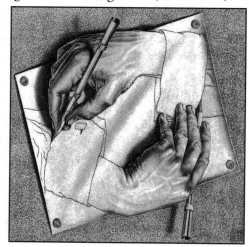

Fonte: Disponível em: http://www.arteeblog.com/. Acesso em: 05 abr. 2022.

A arte de Escher (Figura 1) representa o homem inacabado, em busca da sua completude. Assim somos nós educadores, nós nos fazemos a cada dia, nos reinventamos com as próprias mãos. Um paradoxo que revela que não nascemos prontos e que a busca faz parte do caminho. O espírito da pesquisa nasce da inquietação pela busca.

A presente dissertação foi escrita em norma culta, optou-se por não citar as desinências femininas e neutras para facilitar a leitura. Embora a opção tenha sido esta, é importante ressaltar o respeito à diversidade.

A nossa língua materna, vinda do latim, não possui quase nenhum resquício do gênero neutro, sendo este praticamente suprimido pelo uso do gênero masculino para referir-se a todos os gêneros. O gênero feminino foi utilizado quando a voz da pesquisadora se fez presente na 1ª pessoa, denotando o seu lugar de fala.

2 Apresentação: percurso da gestora e a formação

A apresentação descreve o percurso da gestora, aqui pesquisadora, e a sua formação como aprendiz, dessa forma o texto é escrito em 1ª pessoa do singular, trata-se de um relato da construção pessoal, acadêmica e profissional.

Sou uma pessoa apaixonada pela educação, com alma de professora, força de educadora, hoje uma pesquisadora. Muitas vezes, nessa caminhada o caminho tornou-se mais largo e mais longo e os passos mais tímidos. Posso? Consigo?

Muito crescimento, amadurecimento, reflexão e uma enorme vontade de acertar. Ai de nós educadores se deixarmos de sonhar sonhos possíveis, é preciso saber para melhor sentir e é preciso aprender a sentir, pois, quando sentimos de verdade, melhor aprendemos.

Busquei a educação como caminho de transformação dos saberes e das pessoas, acredito que por meio dela há a mudança de pensamento e de comportamento. Acredito no poder transformador da educação.

Ao fazer o curso de Pedagogia na PUC-SP, a certeza superou a dúvida, encontrei nessa universidade a possibilidade de nos fazermos melhores pelo conhecimento de forma dialética. Formar[2] para ser, formar para transformar, formar para inovar.

A universidade deixou em mim, pelos mestres que tive e pela experiência que vivi, a semente da crença que fazemos à medida que buscamos, no diálogo, na palavra, a mudança que queremos no mundo.

E assim prossegui em minha trajetória profissional, vim da escola pública, fiz à época a pré-escola, primário e ginásio na Escola Estadual de 1º grau "Prof. Napoleão de Carvalho Freire", em São Paulo, no bairro

---

2 Formar aqui não tem o sentido fabril de colocar em um padrão, fazer dando forma, mas sim de conceber intelectualmente: desenvolver, idear, inventar, elaborar, imaginar.

de Moema, na sequência, inspirada por professores que lá tive, por um pai admirador da Arte e leitor curioso de enciclopédias e de uma mãe com a coragem de lançar-se aos desafios da vida, busquei a carreira do Magistério e consegui com muita alegria uma vaga na disputada Escola Estadual de Segundo Grau "Prof. Alberto Conte", também em São Paulo, no subdistrito de Santo Amaro, lugar em que concluí o Curso do Magistério com habilitação profissional e especialização para Pré-Escola. Em 1988 finalizei a graduação na PUC-SP, minha primeira experiência como aluna do ensino particular. Junto com a conclusão da licenciatura em Pedagogia, fui mãe, nascia meu primeiro filho. Foram 8 anos de estudo para a formação inicial em educação, e não me arrependo de nenhum deles, difícil pensar em uma formação inicial de curta duração para a carreira do Magistério.

Enquanto estudava e trabalhava na área, fui construindo o meu percurso de residência prática, já que naquele momento ele não era posto como formal, porém necessário destacar o quanto é importante que a formação caminhe entre o estudo teórico, a prática e a reflexão que se faz nela e sobre ela.

Ingressei em 1985, concursada, como professora substituta na Prefeitura de São Paulo e ali me enxerguei educadora de sonho e paixão. A vida quis pelas necessidades e circunstâncias que eu me dedicasse exclusivamente à carga assumida e em uma grande escola de São Paulo, de origem alemã, referência na área da Educação, sonho de qualquer profissional, quiçá iniciante na carreira.

No Colégio Visconde de Porto Seguro cresci profissionalmente e desenvolvi meu trabalho por 27 anos. Durante os anos percorridos me vi formadora de professores na área de alfabetização. Escola convencional, de tradição, à época, com alguns professores na busca ao novo, com o temor da incerteza da mudança, natural pelo momento sociopolítico--educativo vivido. As verdades provisórias caminhavam no sentido da transformação, ali pude participar de grupos de estudo e de formações reflexivas sobre a prática do professor e sobre a constituição e característica de uma aula de qualidade. Professora substituta, Professora efetiva,

Coordenadora de grupos de estudo, Coordenadora de área, Diretora de Segmento, Coordenadora do Centro Pedagógico, muitos papéis e oportunidades de ser e me fazer educadora.

Nos anos ali vividos e nos compromissos assumidos lá, busquei a fundamentação teórica aliada à reflexão sobre a prática, a práxis, como o caminho para a mudança de concepção metodológica e, por consequência, da transformação da prática em sala de aula.

Encontrei, por meio do Instituto Pedagógico Brasil Alemanha (IPBA)[3], a formação necessária para que eu me tornasse uma agente de transformação e, assim, ao assumir a coordenação de área e segmento, pude implementar práticas e desenvolver a equipe para que, por meio das minhas intervenções, houvesse o impulso para refletir sobre o que estava posto e poderia ser diferente, com mais resultados de aprendizagem.

Recebi com muito agrado, em 1994, já mãe do meu segundo filho, o convite para dar aulas de Metodologia da Língua Portuguesa, com ênfase na alfabetização, no Curso de Magistério do 2º Grau que o próprio colégio lançava. Nada mais coerente, uma escola formando professores, uma sementeira de talentos.

Em 1996 voltei a coordenar as áreas de Língua Portuguesa, História e Geografia, no Ensino Fundamental anos iniciais, porém com a responsabilidade de levar a identidade da instituição para a unidade que era recém-inaugurada no bairro do Panamby. A tarefa era a de formar um grupo docente que estivesse alinhado à proposta pedagógica e institucional, assim juntei-me ao grupo escolhido para desenvolver o projeto político pedagógico da nova unidade.

Em 1999 fiz parte do Projeto de Ensino Reflexivo, coordenado pela Profa. Dra. Selene Zocchio Mufarej, também da PUC-SP, momento que marcou uma nova etapa nessa longa trajetória de um andar às vezes preciso, por vezes lento, outras vezes indeciso, deslocamento natural

---

3 Associação Interescolar para Treinamento de Professores subsidiada por escolas teuto-brasileiras na década de 90.

do desenvolvimento para acomodação[4] de novas ideias, desequilíbrio que busca o equilíbrio com recursos não usados antes.

Em 2001, voltei à Unidade Morumbi com o desafio assumido na direção de segmento e, desde então, sigo como gestora, algo que em mim foi desenvolvido, mas com a marca da professora e da gestão pedagógica. A sala de aula pulsa em minhas veias, uma verdadeira tatuagem.

A participação nos cursos de pós-graduação de Psicopedagogia Institucional e de Autonomia Moral e as Relações Interpessoais me trouxe a visão de que o aprendizado é um processo em parte cognitivo e em parte social e afetivo e, portanto, não pode ser deixado à mercê da sorte, as intervenções precisam ser qualificadas.

Participei do programa *Bescheinigung*, da *Europe – Kolleg*, em 2018, cidade de Kassel, na Alemanha. Ali experimentei a autonomia docente e a valorização da autoridade do professor como sujeito do conhecimento.

Em 2014 iniciei o trabalho em uma nova instituição, Colégio Rio Branco, mantido pela Fundação de Rotarianos de São Paulo, privilégio em poder participar de um projeto educacional pedagógico de qualidade, em que a novidade é substituída pela inovação, lugar de movimento que busca a educação contemporânea de qualidade.

O Colégio Rio Branco me abriu a possibilidade de trabalhar com a diversidade e experienciar a metodologia de implantação de novas práticas por meio de grupos de trabalho. A instituição me proporcionou, além do mestrado, a oportunidade de participação em uma viagem internacional, educacional, com um grupo de educadores e, ao percorrer a Alemanha, a Estônia e a Finlândia, percebi o quanto esses países investem na formação de seus educadores e incentivam a sua autonomia.

---

4 Acomodação utilizada aqui no conceito da Psicologia, o conceito indica o mecanismo de mudança interior do sujeito. Ele percebe a vida em sociedade por meio do seu arcabouço de conhecimentos. Como essas estruturas não são inerentes ao ser, e sim constituídas no seu convívio com o ambiente, o desenvolvimento da cognição é equivalente ao da produção das estruturas. Retirado de: https://www.infopedia.pt/dicionarios/lingua-portuguesa/acomoda%C3%A7%C3%A3o. Acesso em: 30 mar. 2022.

Na Alemanha, as visitas aconteceram em Baden-Wurttemberg, onde se concentra o ensino de melhor qualidade do país. Desde cedo, por meio de oportunidades diversificadas de educação, preparam os jovens para serem críticos, cidadãos emancipados e aptos para o mercado de trabalho que se move de maneira dinâmica. A formação profissionalizante é muito eficiente e dá ênfase às áreas de investigação científica. Na Estônia, pude conhecer escolas e participar de eventos do consulado, o país inspirou-se e obteve auxílio da Finlândia para uma reforma educacional com resultados já aferidos pelo PISA[5]. Seu objetivo estratégico para 2035 é desenvolver uma sociedade inclusiva, por meio de uma educação de alta qualidade, para o benefício do povo e da economia. Terminei a visita na Finlândia, percorrendo escolas dos mais diversos segmentos e a Universidade de Tamk[6].

Desde 2019 coordeno um grupo de trabalho de inovação curricular e foi com base nele que me vi pesquisadora, buscando contribuições para o desenvolvimento do professor pela perspectiva da gestão. A ação do gestor como responsável pela construção de itinerários qualificados de formação profissional.

Sou mulher, esposa, mãe e educadora inquieta!

Pensando esteticamente, surge à mente a obra de Norman Rockwell, apresentada na Figura 2, imagem que nos chama à reflexão sobre os "eus" que compõem o educador, as suas escolhas, as suas crenças, os seus saberes, as suas experiências de aprendizagem, os mestres que perpassam seu caminho, enfim, a sua história.

---

5 Programa Internacional de Avaliação de Alunos (PISA) é uma rede mundial de avaliação e desempenho escolar, realizado pela primeira vez em 2000 e repetido a cada dois anos, é coordenado pela Organização para a Cooperação e Desenvolvimento Econômico (OCDE), com vista a melhorar as políticas e resultados educacionais.

6 A Universidade de Ciências Aplicadas de Tampere (*Tampere University of applied Sciences*, em inglês, e, em finlandês: *Tampereen ammattikorkeakoulu*, TAMK) é uma universidade de ciências aplicadas (politécnica), situada na cidade de Tampere, na região de Pirkanmaa, Finlândia.

Autorretrato. Como sou? Como me vejo? Como vejo o outro? Como vejo a minha prática? Como é a representação que tenho sobre mim. Quantos "nós" vivem em meu eu? Não há reflexão crítica sem tomada de consciência.

Figura 2 – Triple Self-Portrait, de Norman Rockwell (1960)

Fonte: Disponível em: https://www.arteeblog.com/.
Acesso em: 05 abr. 2022.

3 Metodologia: a pergunta e a pesquisa

A pesquisa aqui apresentada possui características predominantemente qualitativa, descritiva e interpretativa.

Apontamentos, reflexões, investigações e proposições surgem de referenciais bibliográficos, análise de documentos internos (pesquisa documental), relatórios institucionais feitos em diferentes mídias, depoimentos e descrição da prática pedagógica por relato pessoal. Por meio da metodologia narrativa os dados são relatados nesta dissertação.

De acordo com Laville e Dionne (1999), na pesquisa qualitativa, os dados são analisados sob a ótica da subjetividade, destaca-se a função social do saber, os relatos de vida, ou uma situação em particular do pesquisador junto ao problema. Nesse sentido, os pesquisadores qualitativos não partem de hipóteses previamente estabelecidas, não se preocupam em obter dados ou evidências que corroborem ou neguem tais suposições, entende-se, assim, pela abordagem de pesquisa predominantemente qualitativa a organização e análise dos dados sob a ótica da subjetividade da função social do saber, do ponto de vista do pesquisador.

A pesquisa nasce de um problema, ele é a semeadura, que necessita ramificar hipóteses, a partir do gérmen da problemática, e da semente da reflexão individual fortalecida na literatura do tema, brotando a pergunta que se abrirá em flor. É preciso escolher, selecionar, recortar e aprofundar. O pesquisador, assim, traz em seu recorte as suas subjetividades de seu contexto de vida e experiência na educação, projeta-se no mundo do vir a ser, nesse sentido é preciso conscientizar-se de um problema e torná-lo significativo (LAVILLE; DIONNE, 1999, p.47).

O problema da pesquisa surge da inquietação do pesquisador ou é proveniente de projetos de intervenção nos espaços para a intencionalidade educativa. Descobrir como fazer uma pesquisa para um mundo melhor, com significado social, é o nosso dever como educadores. O acaso nunca é o acaso, pois favorece sempre os olhos preparados para ver.

Nas palavras de Chizzotti (2000, p.79),

A abordagem qualitativa parte do fundamento de que há uma relação dinâmica entre o mundo real e o sujeito, uma interdependência viva entre o sujeito e o objeto, um vínculo indissociável entre o mundo objetivo e a subjetividade do sujeito. O conhecimento não se reduz a um rol de dados isolados, conectados por uma teoria explicativa; o sujeito-observador é parte integrante do processo de conhecimento e interpreta os fenômenos, atribuindo-lhes um significado. O objeto não é um dado inerte e neutro; está possuído de significados e relações que sujeitos concretos criam em suas ações.

A problematização parte da questão sobre o paradigma educacional predominante nas ações desenvolvidas pela escola: Seria ele favorável à articulação do currículo e do diálogo com gestão pedagógica? Seria ele um dificultador para a aproximação e o desenvolvimento da gestão das aprendizagens?

Este trabalho corresponde à análise do percurso de formação de professores especialistas dos anos finais do Ensino Fundamental e Ensino Médio de um colégio particular de São Paulo. O itinerário formativo apresentado corresponde aos anos de 2019, 2020 e 2021.

A análise feita tem como premissas a concepção de um currículo crítico[7], sob a perspectiva do paradigma educacional da comunicação, paradigma descrito por Noffs e Santos (2019) e a partir da relação dialógica da gestão pedagógica e da formação dos professores.

A pesquisa busca analisar a construção, de forma colaborativa, de processos formativos que efetivem a mudança de paradigma educacional, saindo da exclusividade do paradigma da instrução da Pedagogia Tradicional, passando pelo paradigma da aprendizagem e fundamentando-se no paradigma da comunicação inserido na Pedagogia Crítica e Ativa como hipótese de um caminho favorável à formação de itinerários que permitam ao professor e demais educadores desenvolverem-se dentro da escola, de maneira que ampliemos a visão do dizer e do praticar de forma tecnicista para o investigar, estudar, refletir e analisar de forma reflexiva.

---

7 Currículo crítico: visa levar o sujeito a pensar para além das disciplinas, refletir sobre a política e sobre a cultura que permeiam essas disciplinas, uma educação que leva à autonomia e à emancipação.

Pretende-se ampliar o olhar para que a formação de professores não seja pautada na visão de replicar técnicas e sim que ela seja terreno fértil para a tomada de consciência e a emancipação da prática, considerando o professor como sujeito de seus saberes. E que o papel do gestor nesse processo é primordial para o desenvolvimento do currículo proposto.

Parte-se do **problema**: O itinerário de formação de professores com base no paradigma da comunicação constitui um elemento articulador do currículo e da gestão pedagógica?

Objetivo Geral: Analisar a construção do itinerário da formação de professores com base no paradigma da comunicação.

Categorias de análise:

- *Intencionalidade* (porque faço essas escolhas: o que e como ensino, o que é importante, como qualifico o tempo didático, relação do saber e do aprendente).

- *Sensibilização* (como toco, atinjo o outro para mobilizar os seus saberes, despertar o desejo, professor como interlocutor qualificado).

- *Estudo e reflexão* (onde proporcionou a consciência da necessidade de mudança: fundamentação e análise sobre a prática, aprender a aprender).

- *Participação e Compartilhamento* (em que momentos permitiu a autoria do professor e a troca de experiências, o aprender a conviver, a interação com os indivíduos e com o espaço educativo).

As categorias foram escolhidas a partir de dois eixos:

1. A possibilidade de serem objetos de análise no planejamento do itinerário formativo, principalmente no planejamento das atividades e nos registros e pautas dos encontros.

2. Convergência com as características presentes no paradigma da comunicação, cujo foco é o diálogo estabelecido entre o saber, os aprendentes (professor e aluno) e o espaço educativo.

A concepção de que a Pedagogia é uma ciência praxiológica conduziu a pesquisa para a análise dos instrumentos pedagógicos utilizados para a formação docente, o recorte permitiu a triangulação das vozes dos atores envolvidos, objeto de pesquisa que se faz necessário em outra etapa de investigação.

A visão praxeológica assume a proximidade e a subjetividade, não se preocupa com a objetividade que separa, mas com a intersubjetividade que dialoga. Toda a nossa apreciação da realidade tem um grau de subjetividade, e na visão holística complexa a intersubjetividade é um dos critérios de rigor. Isto quer dizer que a triangulação das vozes dos atores (de professores e outros educadores, crianças, pais), ao longo dos tempos do cotidiano de aprendizagem, e a triangulação de instrumentos pedagógicos de observação que interrogam a documentação pedagógica e a fazem falar sobre a aprendizagem experiencial, situada, contextual, cultural, são de importância primordial para conseguir uma apreciação mais autêntica das aprendizagens transformativas, dos seus processos e realizações. (FORMOSINHO, 2016, p. 25)

Objetivos Específicos:

1- Descrever o itinerário formativo de professores nos anos de 2019, 2020 e 2021;

2- Ressignificar o itinerário vivido com base no paradigma da comunicação.

Documentos internos analisados:

- Projeto Político Pedagógico da Fundação de Rotarianos de São Paulo;

- Plano Escolar – 2021 e 2022 do Colégio Rio Branco, Unidade Granja Vianna;

- Regimento Escolar – 2020;

- Projeto Político Pedagógico do Colégio – 2008;

- Projeto Político Pedagógico da Fundação de Rotarianos de São Paulo – 2013;

- Site RB pedagógico, de autoria das coordenações de projeto e pedagógicas – 2019, 2020 e 2021;

- Registros do grupo de Trabalho GT ciclo 4, em arquivos digitais de autoria do próprio grupo, incluindo o glossário dos termos discutidos e em consenso e utilizado em consenso com a equipe – desde 2018;

- Site do Colégio e da Fundação de Rotarianos de São Paulo;
- Análise dos dados de roteiros de formação, planejamentos das reuniões de professores;
- Documentos internos organizativos do percurso de formação dos professores.

Gil (2008, p.51) afirma que a pesquisa documental se assemelha à pesquisa bibliográfica, destacando a diferença das suas fontes. A pesquisa documental utiliza materiais que não receberam ainda um tratamento analítico, cabendo ao pesquisador um tratamento analítico de acordo com os objetivos de sua pesquisa, nesse sentido o recorte feito traz como objeto de estudo as pautas dos encontros de início do ano, (encontros em que as diretrizes e premissas são compartilhadas) e as pautas dos encontros do último ciclo letivo, o ciclo síntese, que mostra a convergência dos focos de desenvolvimento construídos nos ciclos anteriores. As atividades de formação e compartilhamento também foram objeto de análise.

3.1 Estrutura da dissertação

A presente dissertação desenvolve as inquietações de uma educadora, hoje gestora comprometida com a formação de professores como um caminho para o desenvolvimento profissional. Uma dissertação com elementos de uma narrativa que traz um encontro de possibilidades.

Mobilizar os saberes dos professores para que possam qualificar a sua prática sempre fez parte da minha busca.

O tema traz a gestão pedagógica na coautoria da construção de um itinerário de formação que desenvolva um professor reflexivo e consciente de seu papel transformador na educação, sujeito de suas práticas e profissional docente corresponsável pela pelo processo de aprendizagem de seus alunos e colegas de profissão.

Na Introdução, há o porquê da pesquisa, o que move a pesquisadora em sua busca. No capítulo 2, Apresentação, o relato profissional e pessoal da pesquisadora é descrito compondo a sua trajetória, nela manifestam-se o EU professora e o EU gestora, o percurso transcorrido como aprendente passando pela experiência de formação em alfabetização, pedagogia, psicopedagogia, psicologia moral, formação, gestão de pessoas.

A problemática, o problema de pesquisa, o objetivo geral e os objetivos específicos que se quer alcançar, assim como a metodologia utilizada nesta pesquisa, são apresentados no capítulo 3.

No capítulo 4 há a identificação do contexto pesquisado, o lócus de análise e seus princípios norteadores de ação educativa.

Para o desenvolvimento da pesquisa foi necessária a contextualização de alguns conceitos determinantes que direcionaram o recorte do olhar da pesquisadora. A fundamentação do trabalho é descrita, no capítulo 5, como curriculista, na linha de pesquisa de mestrado escolhida, não poderia deixar de caracterizar o currículo crítico, o professor como sujeito, interlocutor qualificado e profissional reflexivo e os paradigmas existentes na educação, proporcionando a compreensão do paradigma da comunicação, paradigma escolhido para ir em busca da resposta à pergunta de partida. O referencial teórico que sustentou o trabalho tem base em educadores críticos e com ideias contemporâneas sobre a educação e a formação do professor. Entre eles: Freire (1987), que aborda o tema de uma pedagogia para a autonomia; Tardif (2019), saberes docentes; Dewey (1953, 1959) e Morán (2021), aprendizagem ativa; Sacristán (1998) e Apple (1982), currículo; Nóvoa (2000), dilemas da educação; Cosme (2009, 2010), flexibilidade curricular; Imbernón (2009, 2011) e García (1992, 1999), formação dos professores; Larrosa Bondía (2002), o sujeito da experiência; Schön (2000), a prática reflexiva; e Lück (2008, 2009), as dimensões da gestão.

A perspectiva da gestão como facilitadora da formação de qualidade do profissional professor é inserida no capítulo 6.

A descrição do Itinerário Formativo analisado acontece no capítulo 7, e conta também com encaminhamentos de ressignificação.

A conclusão pode ser verificada nas Considerações Finais. Importante ressaltar que a análise levou em conta os anos de 2019, 2020 e 2021, do percurso formativo de professores do Ensino Fundamental Séries

Finais e Ensino Médio, sob a perspectiva da gestão com olhar pedagógico e lugar de coordenação de um grupo de trabalho para o ensino em geral.

Estudar, investigar, descrever, refletir e analisar foram ações presentes no trabalho apresentado, contribuindo com a área educacional, proporcionando debates, estudos e possibilitando experiências para que sejamos sujeitos de nossa prática.

4 Contexto de análise

A instituição que foi lócus da pesquisa apresenta os principais aspectos do contexto para a análise, a partir de seu território, lugar com seus sujeitos, suas relações e suas subjetividades, seu histórico, sua estrutura e seus elementos identitários compartilhados.

4.1 Dados sobre a instituição

A pesquisa foi realizada em uma das unidades em que também exerço a função de diretora, o que me permite a análise do ponto de vista da gestão. A unidade em questão fica no bairro da Granja Viana, no município de Cotia, no Estado de São Paulo. Trata-se de educação privada, atendendo alunos de classe média alta e alta.

A Unidade Granja Vianna tem um câmpus horizontal, oferece diversas instalações em que os segmentos são separados em 3 prédios e espaços privilegiados, como campo de futebol, bosque, piscina, ginásio de esportes, dentre outros. Cerca de 2300 alunos estão distribuídos entre as duas unidades, a unidade pesquisada possui, atualmente, em torno de 1100 alunos.

Na Unidade Granja Vianna há classes especiais para surdos, da Educação Infantil ao 5º ano, atendendo 49 alunos pelo Centro de Educação para Surdos (CES) Rio Branco. São 184 professores, sendo 25 atuando como professor de núcleo de apoio ou professor auxiliar, destes, 14 são bilíngues.

A partir do 6º ano os alunos surdos são integrados nas classes dos alunos ouvintes, eles dispõem de um intérprete da Língua Brasileira de Sinais (Libras) que os acompanha por série e tem um currículo adaptado, em que Libras é a 1ª língua e português a 2ª língua[8].

Pelo perfil da comunidade atendida pela escola, o Ensino Médio tem caráter propedêutico, sendo esperado que, ao final desse ciclo, além

---

8 Língua Brasileira de Sinais (LIBRAS), como a língua primeira ou língua materna e a Língua Portuguesa, em sua modalidade escrita, como língua adicional.

de uma formação mais ampla, os alunos estejam preparados para os principais processos seletivos de universidades públicas, como Exame Nacional do Ensino Médio (Enem), exame da Universidade de São Paulo (USP), realizado pela Fuvest e de outras universidades públicas deste estado. Espera-se também que estejam preparados para exames de universidades privadas de reputação consolidada ou, de maneira crescente, acesso a universidades no exterior.

Desde 2008 a instituição faz parte do Programa de Escolas Associadas (PEA) Unesco, uma rede de escolas no mundo inteiro que assume a premissa de que a guerra está na cabeça das pessoas e que por meio da educação irá se construir a paz.

Em 2019 recebeu a certificação da Escola de Referência Google. Trata-se de um reconhecimento pela utilização da plataforma *Google for Education*[9] e seus diferentes aplicativos (apps), de maneira inovadora e integrada ao currículo, assim como pela certificação de educadores em diferentes níveis: Educador Google Nível 1, Educador Google Nível 2 e *Trainner*, considerado o Nível 3.

4.2 Histórico da instituição

O Colégio Rio Branco tem como mantenedora a Fundação de Rotarianos de São Paulo (FRSP)[10], constituída em 22 de novembro de 1946 por vinte rotarianos, do Rotary Club[11] 4 de São Paulo. Segundo pontua o seu portal na internet:

---

9 *Google for Education* é um serviço do Google que fornece variados produtos da empresa, personalizáveis de forma independente, através de um nome de domínio fornecido pelo cliente. Lançado em 2006, o conjunto inclui uma versão específica do G Suíte.

10 Disponível em: https://www.frsp.org/site/pt/institucional/quem-somos.aspx. Acesso em: 20 fev. 2022.

11 Rotary Club é um clube de serviços, parte de uma rede internacional, denominada *Rotary International*, criada em 1905 em Chicago, Estados Unidos. Dedica-se, de maneira voluntária, à promoção de serviços humanitários. Reúne 1,2 milhões de associados, os rotarianos em 35.000 clubes ao redor do mundo. Disponível em: https://www.rotary.org/pt. Acesso em: 13 jul. 2019.

[...] Os fundadores, entre os quais empresários, engenheiros, médicos, advogados e outros profissionais de destaque, elegeram a educação como instrumento principal para a construção de uma sociedade mais humana e pacífica, composta por cidadãos éticos e solidários.

Esse propósito se alinhava ao contexto histórico mundial após a Segunda Guerra Mundial. Desse modo, trata-se de uma instituição sustentada, inicialmente, pelo sonho – ver o que ainda não está, mas que é possível realizar.

> Sonho coletivo, de onde se origina a vocação para um pensar e atuar em grupo, que caracteriza a organização de suas mantidas, e a crença na força transformadora da educação voltada para a cultura da paz, que se concretiza em ideais como diversidade humana, inclusão em todas as dimensões e oportunidades para todos (FRSP, 2013, p.16).

Atualmente, são cinco as instituições Rio Branco mantidas pela FRSP:

- O Colégio Rio Branco, com duas unidades no Estado de São Paulo, a primeira situada no bairro de Higienópolis e a segunda localizada na Granja Vianna, na cidade de Cotia, ambas com turmas do Infantil 2, destinadas a crianças a partir de 2 anos de idade, até o Ensino Médio;

- As Faculdades Integradas Rio Branco[12], cuja proposta básica parte do conceito de que a formação do profissional deve ser projetada para quando ele efetivamente assumir suas responsabilidades. O prédio que reúne os cursos fica na Granja Viana;

- O Centro Profissionalizante, Cepro Rio Branco, é uma entidade certificadora que promove a Socioaprendizagem Profissional de jovens socialmente desfavorecidos, de 15 a 19 anos, cursando ou tendo concluído o Ensino Médio da escola pública, de acordo com a Lei do Aprendiz (nº 10.097/2000) e também o Programa de Qualificação Profissional para Surdos, Pessoas com Deficiência Física e Reabilitados do INSS,

---

12 Disponível em: https://www.riobrancofac.edu.br/. Acesso em: 28 mar. 2022.

em parceria com o Sindicato das Empresas de Limpeza Urbana no Estado de São Paulo e Rotary Club;

- O Centro de Educação para Surdos (CES)[13] Rio Branco oferece uma educação pautada na filosofia bilíngue e multicultural que compreende a Língua Brasileira de Sinais (Libras). Atua com crianças a partir de 3 meses de idade com diversos programas, dentre eles o de Continuidade de Escolaridade em que alunos que passaram pelo processo de formação até o 5º ano do Ensino Fundamental são incluídos em classes de ouvintes do Colégio Rio Branco, acompanhados por tradutores e intérpretes de Libras e Língua Portuguesa;
- Educação a Distância Rio Branco (EaD).

Enquanto organização, a Fundação aponta como missão "Servir com excelência, por meio da educação, formando cidadãos éticos, solidários e competentes". Segundo o Projeto Político Pedagógico, sua visão de "Ser referência nacional e internacional na área de Educação" (FRSP, 2013, p.18) pressupõe desenvolver iniciativas que possam inspirar outras instituições. Seus valores declarados são:

Ética - Observar os mais elevados princípios e padrões éticos, dando exemplo de solidez moral, honestidade e integridade.

Responsabilidade Social - Exercer a cidadania contribuindo, por meio da Educação, para o desenvolvimento da Sociedade e respeito ao meio ambiente.

Ser Humano - Propiciar um tratamento justo a todos, valorizando o trabalho em equipe, estimulando um ambiente de aprendizagem, desenvolvimento, respeito, colaboração e autoestima.

Gestão - Valorizar e seguir os princípios da Transparência, Equidade, Prestação de contas e Responsabilidade Corporativa.

Qualidade - Estimular a inovação e a criatividade de forma planejada e integrada, com foco na qualidade e nos resultados, propiciando a perenidade da organização.[14]

---

13 Disponível em: http://www.ces.org.br/site/quem-somos.aspx. Acesso em: 20 fev. 2022.
14 Disponível em: https://www.frsp.org/site/pt/institucional/quem-somos.aspx. Acesso em: 20 fev. 2022.

4.3 Estrutura organizacional da FRSP - breve descrição

Parte da gestão se dá por voluntários que compõem o Conselho Superior e a Diretoria. Um superintendente faz a ponte entre a parte voluntária e a profissional. A partir do superintendente vêm os gestores de cada unidade mantida.

A Fundação de Rotarianos de São Paulo (FRSP)[15] possui estrutura administrativa centralizada e dá suporte a suas entidades mantidas em diferentes departamentos (Relações Humanas, Suprimentos, Financeiro, Tecnologia, dentre outros), que se colocam a serviço das instituições mantidas. Possui diversos Comitês de natureza consultiva, para contribuir com a gestão da organização.

4.4 Estrutura do Colégio (gestão pedagógica)

A gestão pedagógica é exercida, em última instância, pelo Diretor Geral, Diretores de Unidade e Diretores de Unidade Assistente.

A Direção Geral conta com um Coordenador de Processos que atua no desenho e aprimoramento dos processos de gestão da escola, sejam eles administrativos e/ou pedagógicos. Conta ainda com uma Assessora de Atendimento para captação de novos alunos.

Para dar suporte à gestão pedagógica, o Colégio Rio Branco conta com o Núcleo Técnico Pedagógico, composto por Coordenador Pedagógico, Orientador Educacional, Coordenador de Área, Núcleo de Apoio Pedagógico e Setores de Apoio (FRSP, 2018, p. 8).

A esse grupo somam-se os Coordenadores de Projetos, responsáveis, desde 2017, pela concepção e implementação das ações estratégicas como inovações curriculares, assim como pelo desenvolvimento do trabalho da 3ª série do Ensino Médio, denominada Pré-Universitário.

Dentro do Núcleo Técnico Pedagógico existem profissionais que atuam em sua respectiva unidade do Colégio e profissionais que atuam

---

15 Disponível em: https://www.frsp.org/site/pt/institucional/quem-somos.aspx. Acesso em: 20 fev. 2022.

em ambas as unidades. Nos parágrafos abaixo são especificadas as funções e suas esferas de atuação.

A Coordenação Pedagógica é feita por uma pessoa por Unidade, responsável pelo 6º ano do Ensino Fundamental à 2ª série do Ensino Médio. A 3ª série do Ensino Médio, denominada Pré-Universitário, em cada unidade, fica sob a responsabilidade de um Coordenador de Projeto, sendo a Educação Infantil ao 5º ano do Ensino Fundamental responsabilidade da Direção da Unidade Assistente com viés pedagógico. O modelo está em construção e avaliação.

Dentre a equipe de Orientação Educacional, com 5 profissionais, uma é Orientadora de Apoio à Aprendizagem, que trabalha como ponte entre profissionais que atendem alunos com especificidades, como distúrbios de aprendizagem, distúrbios emocionais e necessidades especiais, tendo contato com os familiares dos alunos, além de dar apoio às demandas que surgem das famílias. O foco do trabalho da Orientação Educacional é a mentoria escolar, buscando caminhos para que os alunos desenvolvam compromisso e metodologias para aprenderem mais e melhor.

A Coordenação de Área, por sua vez, é denominada (bi)unidade, ou seja, trabalha com ambas as equipes de docentes. Existe uma equipe que atende da Educação Infantil ao 5º ano do Ensino Fundamental, composta por coordenações de: Língua Portuguesa, Matemática, Ciências/História/Geografia e Língua Inglesa.

A coordenação de tecnologia educacional está como responsabilidade de um dos coordenadores de projetos. Do 6º ano do Ensino Fundamental à 3ª série do Ensino Médio há coordenadores de Língua Portuguesa, Redação, Matemática, Línguas Estrangeiras (Inglês e Espanhol), História, Filosofia e Sociologia, Geografia, Ciências e Biologia, Física, Química e Tecnologia Educacional. Existem dois tipos de Coordenadores: aqueles que também são professores e aqueles que têm horas exclusivas para coordenar. Referências técnicas e metodológicas são vistas no sentido de buscar desenvolver novas propostas de aprendizagem dos alunos na sua área.

O Núcleo de Apoio é uma estrutura de suporte à aprendizagem

que, entre os professores do Ensino Fundamental 2 e Ensino Médio, é composta por jovens profissionais, muitas vezes com mestrado ou doutorado, completo ou em curso, mas com pouca experiência na escola. Esses professores vão assumir um conjunto de atividades na escola e vão se aprimorando, tendo a possibilidade de vir a assumir aulas regulares e evoluir para outras funções. A Educação Infantil e o Ensino Fundamental I são compostos por professores formados em Pedagogia. É uma forma de desenvolver os professores em seu início de carreira, permitindo que venham a ascender na instituição como professores titulares, posteriormente coordenação de área ou de projetos. Cada unidade tem sua equipe de Núcleo de Apoio que, conforme o Plano Escolar (FRSP, 2019), atua na modalidade a distância e presencial, por meio de plataforma adaptativa que aprimora e complementa o processo de ensino/aprendizagem. Fazem parte desse núcleo as seguintes atividades gratuitas:

Atividades disponibilizadas no *Classroom* - espaço virtual de trabalho entre alunos e professores, interativo e adaptativo. Pode ser utilizado como reforço escolar e aprofundamento de conceitos e de conteúdos.

Apoio presencial - nas turmas de 2º ano do Ensino Fundamental, realizando um trabalho em conjunto com os professores da classe, como reforço em Língua Portuguesa e em Matemática, no horário regular de aula.

Alinhamento Conceitual - aulas em período oposto, oferecidas no Ciclo 1, destinadas a alunos que passaram por Conselho de Classe ou ingressantes que apresentaram dificuldades. Tem o objetivo de ajudar o aluno a sanar suas dificuldades e evitar lacunas em sua aprendizagem. Contempla alunos do 6º ano do Ensino Fundamental à 2ª série do Ensino Médio. Pela natureza revisional da 3ª série do Ensino Médio, no Pré-Universitário, o Colégio oferece Plantão de dúvidas (descrito abaixo).

Plantão de dúvidas - no período oposto ao das aulas, oferecido aos alunos do 3º ano do Ensino Fundamental à 3ª série do Ensino Médio. É incentivada a prática diária de estudo por meio de atividades postadas no aplicativo *Classroom*, a partir do 6º ano do Ensino Fundamental, contemplando resolução de exercícios, assistindo vídeos e lendo textos à medida que são disponibilizados.

Simulados - momento de preparação do aluno para os desafios dos processos seletivos como vestibulares e Enem, o Colégio aplica simulados aos alunos da 1ª à 3ª série do Ensino Médio que, ao longo do ano, recebem devolutiva de seu desempenho, podendo, assim, aprimorar suas performances futuras.

Grupos de estudo - organizados, opcionalmente, pelos alunos, têm o objetivo de rever, fixar e aprofundar conteúdos e pré-requisitos trabalhados em aula.

Módulos optativos - são módulos de aulas adicionais e complementares, oferecidas no período oposto ao que o aluno está matriculado, que podem ser escolhidas de acordo com os interesses pessoais, valorizando vocações individuais e a singularidade do estudante, flexibilizando assim o currículo. A agenda dos módulos optativos é publicada aos alunos ao longo do ano (FRSP, 2019, p.9).

A Coordenação de Projetos é uma função recente na estrutura do Colégio Rio Branco, criada em 2017, visa ao desenvolvimento e implementação de ações estratégicas ou novos departamentos. Duas frentes estão em desenvolvimento: Inovação Curricular (bi)unidade e Pré-Universitário (com um coordenador para cada unidade). Dentro de Projetos existe a área de Estudos Internacionais, destinada ao ingresso dos alunos no Ensino Superior no exterior. Alguns coordenadores acumulam horas para mais de uma função.

Além da estrutura funcional existem os Grupos de Trabalho (GTs), compostos por elementos dos diferentes grupos e professores que são chamados a contribuir com as mudanças curriculares.

O Núcleo Técnico Pedagógico e a Coordenação de Projetos reúnem um número significativo de profissionais com vistas ao aprimoramento do currículo, como aulas de apoio e de aprofundamento, mentoria para projetos e olimpíadas científicas, plantão de dúvidas, eletivas com temas de atualidades entre outras ações e, em última instância, da entrega em sala de aula. Atualmente são 2 Coordenadores Pedagógicos, 3 Coordenadores de Projetos, 12 Orientadores Educacionais, 15 Coordenadores de Área e 30 professores do Núcleo de Apoio, sendo que, destes, 6 dão suporte ao trabalho de redação em sala de aula, nas duas unidades.

Ainda na perspectiva pedagógica, o Colégio Rio Branco conta com o trabalho de tradutores e intérpretes de Libras-Português que dão suporte ao trabalho pedagógico no Programa de Continuidade de Escolaridade do Centro de Educação para Surdos para o Colégio nas classes de ouvintes a partir do 6º ano do Ensino Fundamental ao Ensino Médio, com a adaptação de atividades para os alunos, quando necessário, e no desenvolvimento do componente Língua Portuguesa como Segunda Língua para Surdos (Unidade Granja Viana). Na Educação Infantil, desenvolve a proposta pedagógica em classes especiais tendo, inclusive, professores surdos atuando com as crianças (Unidade Higienópolis).

Em setores de Apoio sob a gestão dos Diretores se encontram: Secretaria Escolar, Biblioteca, Inspetoria. Setores como Manutenção, Limpeza, Vigilância Escolar, Nutrição, Departamento Médico, Bombeiro, Tecnologia da Informação e Áudio e Vídeo.

4.5 Elementos identitários

Alguns elementos compõem a identidade da escola pesquisada. Dentre eles, os chamados princípios norteadores da ação educativa que estão expressos no Projeto Político Pedagógico da FRSP:

Ter mente aberta;
Acolher e educar;
Acolher a diversidade;
Instaurar a flexibilidade curricular;
Assumir os conteúdos como meios;
Tomar como responsabilidade institucional a aprendizagem dos alunos;
Reconhecer, institucionalmente, que todos aqueles que interagem com as famílias e os alunos são educadores;
Assumir o compromisso com a formação continuada dos professores, como responsabilidade com eles partilhada;
Fomentar a cultura da avaliação nas diferentes instâncias institucionais (FRSP, 2013, p.33, adaptação livre).

Outros elementos identificados na proposta educacional: "[...] devem contemplar: respeito mútuo como dever e direito; justiça com base na igualdade e equidade; diálogo como instrumento de solução de conflitos e tomada de decisões coletivas; solidariedade e cooperação como práticas de vida" (FRSP, 2019, p.5).

Destacam-se, ainda, alguns atributos presentes no currículo da instituição:

Protagonismo - alunos apresentam e desenvolvem iniciativas, projetos e atividades concebidas por eles. São propostas que são continuadas por alunos mais jovens ao longo dos anos. Alguns exemplos dessas iniciativas:

- CRB-MUN: desde 2002 os alunos do Ensino Médio participam de atividades de simulação da ONU em evento denominado Mini-ONU em parceria com a PUC de Belo Horizonte. Desde 2008 os alunos passaram a organizar, com apoio de um professor de cada unidade, um evento interno denominado CRB-MUN, feito por alunos para alunos, começando pelo 9º ano do Ensino Fundamental, em que eles exercitam a simulação, como delegados de diferentes países. Geralmente com duração de uma tarde e de um dia inteiro, conta com comitê de imprensa, também apoiado por um professor.

- REAJA: acrônimo de Reflexão e Ação Junto ao Ambiente, é um projeto criado por alunos do 3º ano do Ensino Médio de 2007, impactados pela questão do aquecimento global e com a iniciativa de propor ações no interior da escola de conscientização sobre o meio ambiente.

- Monitoria: desde 1991, sob o lema "Amizade, Lealdade e Honra", os alunos a partir do 9º ano do Ensino Fundamental assumem, voluntariamente, o compromisso de contribuir com o desenvolvimento de alunos mais novos e apoiar atividades promovidas pela escola como eventos, saídas culturais, brincadeiras e viagens de estudo do meio. Existe uma equipe de liderança da monitoria, composta por alunos da 2ª série do Ensino Médio e uma coordenação de um membro da escola. Alunos monitores são referências positivas para os alunos mais novos em termos de liderança, responsabilidade, colaboração, iniciativa e acolhimento dos alunos.

- Grupo de teatro Rio Branco: existe desde 1986 e há mais de 30 anos tem feito parte da formação de alunos, desenvolvendo o autoconhecimento, proporcionando ampliação de repertório cultural e diversas formas de expressão. Alunos atuam não somente como atores, mas aprendem também outras funções de suporte, dentre elas: técnica, iluminação, cenário. Reúne, a cada cinco anos, alunos de todas as idades que passaram por essa experiência, tendo alguns deles seguido a carreira profissional de ator.
- Montagem de Musicais: da experiência do grupo de teatro surgiu, em 2013, a iniciativa de montagem de musicais em releituras de musicais contemporâneos. Iniciativa, desenvolvimento e realização de alunos.
- Coletivo Humana Mente: existe desde 2013 e reúne alunos e professores em torno de reflexões sobre temas complexos, como guerras mundiais, intolerância, imigração, entre outros.
- Coletivo Aliteração, existe desde 2015 e reúne um grupo de alunos que expressa o amor pela Arte e suas diferentes formas.

Competência pessoal com impacto social - traz a ideia de que não basta o aluno se conhecer, descobrir seus talentos e vocações, construir um projeto de vida e ir em busca dele. São aspectos fundamentais de uma proposta educativa, mas não são suficientes. Para o Colégio e para a Fundação da qual faz parte, é esperado que esses alunos façam diferença na sociedade, sejam comprometidos com um mundo mais justo e solidário.

Ambientes Flexíveis de Aprendizagem - físicos e virtuais, ressignificam a sala de aula e a relação de aprendizagem e de ensino. Podem significar diferentes arranjos e organização da própria sala de aula, que favorece compartilhamento, colaboração, mobilidade, recursos tecnológicos. Podem, ainda, transformar espaços outros da escola e fora dela em "salas de aula". Virtualmente, o uso de plataformas digitais permite diversos tipos de interação entre professores e seus pares, professores e alunos, alunos e seus pares.

5 O currículo e suas concepções

A concepção de currículo é preponderante para as escolhas que fazemos e o projeto que construímos. O capítulo pretende conceituar os currículos tradicionais, críticos e pós-críticos e apresentar os principais autores que fundamentaram teoricamente esta pesquisa. Além do recorte histórico, há o aporte do papel do professor e dos paradigmas educacionais. De maneira integrada, cada paradigma representa a predominância de um tipo de currículo, um perfil de professor e a formação correspondente.

5.1 Teorias curriculares

Um ensino que pressupõe a aprendizagem como centro do processo, um aluno ativo nas etapas do seu desenvolvimento e um professor mediador das aprendizagens, que investigue, estude, reflita e analise sua prática pressupõe um **currículo crítico**. A construção de um currículo crítico exige a reflexão sobre o seu sentido, a crítica se insere no "porquê" e no "para quê" ele foi construído.

Dessa forma, o currículo é muito mais do que uma simples enumeração de conteúdos e diretrizes a serem trabalhados em sala de aula pelos professores ao longo das diferentes fases da vida escolar dos estudantes. Ele abarca uma construção histórica e cultural que sofre, ao longo do tempo, transformação em suas definições.

As teorias de currículo ditas "críticas" baseiam o seu plano teórico nas concepções marxistas e nos ideários da chamada Teoria Crítica, vinculada a autores da Escola de Frankfurt, notadamente Max Horkheimer e Theodor Adorno. Outra influência importante foi composta pelos autores da chamada Nova Sociologia da Educação, tais como Pierre Bourdieu e Louis Althusser. Esses autores conheceram a maior crescente de suas teorias na década de 1960, compreendendo que tanto a escola como a educação em si são instrumentos de reprodução e legitimação das desigualdades sociais propriamente constituídas no seio da sociedade capitalista. O currículo, então, estaria atrelado aos interesses e conceitos das classes dominantes, não estando diretamente fundamentado no contexto dos grupos sociais subordinados.

Importante destacar o que os estudiosos de currículo consideram como teorias curriculares tradicionais, também chamadas de teorias técnicas. Elas surgiram na primeira metade do século XX, sobretudo por John Franklin Bobbitt, que associava as disciplinas curriculares a uma questão puramente mecânica. Nessa perspectiva, o sistema educacional estaria conceitualmente atrelado ao sistema industrial, que, na época, vivia os paradigmas da administração científica, também conhecida como Taylorismo.

Assim, da mesma forma que o Taylorismo buscava a padronização, a imposição de regras no ambiente produtivo, o trabalho repetitivo e com base em divisões específicas de tarefas, além da produção em massa, as teorias tradicionais também seguiram essa lógica no princípio curricular. Dessa maneira, o currículo era visto como uma instrução mecânica em que se elaborava a listagem de assuntos impostos que deveriam ser ensinados pelo professor e memorizados (repetidos) pelos estudantes. A elaboração do currículo limitava-se a ser uma atividade burocrática, desprovida de sentido e fundamentada na concepção de que o ensino estava centrado na figura do professor, que transmitia conhecimentos específicos aos alunos, estes vistos apenas como meros repetidores dos assuntos apresentados.

Destaca-se, aqui, o paradigma da instrução, considerando-se o racionalismo acadêmico, e o da autorrealização, com a ação educacional podendo ser classificada como autoritária, pois centra-se no conhecimento do professor. As disciplinas são divididas em gerais e específicas e estruturadas de forma isolada, fragmentando o saber. O processo educacional deriva-se dessa estrutura e teoria e prática não se articulam, portanto, não se constitui a reflexão crítica: ação-reflexão-ação.

As decisões são tomadas de forma vertical de cima para baixo havendo a centralização das decisões, o monopólio do saber e o foco no produto e não no processo. A função do currículo é mais do que um conjunto coordenado e ordenado de matérias, ele se insere numa perspectiva libertadora e conceitualmente crítica em favorecimento do sujeito da aprendizagem e seus contextos. Historicamente as práticas curriculares passam a ser vistas como um espaço de defesa das lutas no campo cultural e social com maior intensidade na década de 60. Na Inglaterra, a nova sociologia da educação estuda as relações entre os saberes escolares e as classes sociais e a não neutralidade do ensino.

O Paradigma, então, passa a ser o da aprendizagem e o processo cognitivo. A construção do currículo passa a acontecer de forma Integrada, planejada e participativa, de forma descentralizada e coletiva. As disciplinas se organizam de maneira mais abrangente e generalista, abrindo-se para além de suas especificidades e o foco passa a ser o processo da aprendizagem e não o produto.

Passamos pelo final do século XX e entramos no século XXI, momento histórico e transformador em educação, passagem da educação fragmentada para a integração dos saberes, visão interdisciplinar do conhecimento: o homem é um ser situado, ser de relação, relaciona-se com a realidade e com suas necessidades e transformações. É temporalizado, fruto do seu tempo e da sua história, tendo em vista a subjetividade e as diferentes culturas e contextos que vivemos.

As ações pedagógicas nas instituições se manifestam e transitam para paradigma da comunicação visando a reconstrução social e a aprendizagem centrada no aluno, sujeito de sua própria aprendizagem de maneira dialógica.

Não há dúvida de que o currículo é determinado e determinante na forma de pensar o sujeito que queremos formar e transformar. Nossas escolhas nos dizem muito sobre isto. O que somos? O que queremos? Como fazemos?

O Quadro 1, na página ao lado, ilustra as diferentes concepções de modelos de currículos.

Quadro 1 – Diferenças entre a concepção tradicional e a crítica

Concepção Tradicional	Concepção Crítica
Conhecimento acumulado/ disciplinar	Conhecimento construído/ interdisciplinar
Dicotomia teoria da prática	Reflexibilidade crítica[16]
Construção individual	Construção coletiva
Conteúdo predeterminado	Conteúdo articulado
Conhecimento conteudista	Conhecimento integrado
Metodologia factual expositiva	Metodologia problematizadora
Aula passiva e técnica	Aula ativa dialógica

Fonte: Elaborado pela autora

A articulação do tempo, espaço, contexto e intenção, influenciam a reprodução ou contestação do que faremos no currículo escolar.

Não há como conceber estas reflexões sem o entendimento do momento histórico, político e social em que a instituição e o sujeito estão inseridos.

A escola tem papel fundamental em fazer a ponte desse conhecimento e construir estradas, abrir portas e janelas, jamais levantar muros ou muralhas, nesse sentido é importante refletir sobre a Teoria de Planejamento: o planejamento é e precisa ser vivo e para que seja vivo precisa percorrer o círculo virtuoso respondendo as questões: Para quê? O quê? Como?

O planejamento também necessita do processo de avaliação e da retomada dos objetivos propostos.

O currículo é responsável pela formação dos agentes educativos, por meio do exercício da reflexão sobre a ação dos envolvidos no projeto político pedagógico. Para que isso aconteça, precisa ser dinâmico

---

16 Esse processo percorre a reflexão sobre a prática (desvelar a teoria que está por detrás da prática, tentando compreender a abrangência e a profundidade da teoria), iluminar a prática e como um ciclo virtuoso, voltar a ela e agir novamente, assim sucessivamente, ação e reflexão tornam-se indissociáveis.

e ter coerência na concepção de ensino x aprendizagem e dos papéis professor x aluno x espaço educativo, entre o que é prescrito e o que é vivido na escola. Dessa forma, "concebe-se a formação como um verbo reflexivo que se conjuga no plural" (CANÁRIO, 1997, p.39).

As teorias pós-críticas entre 70 e 80 trazem com muita força a concepção das diferenças entre os sujeitos, seus estigmas étnicos, culturais, racialidade, orientação sexual, gênero.

Nos anos 70 estudiosos como Freire (1968/1974), Apple (1979) propõem uma nova concepção de currículo relacionada aos interesses sociais e como reflexo das relações de poder.

Nos anos 80, em autores como Giroux (1986), há a ampliação do estudo sobre currículo, refletindo sobre as dimensões cultural, epistemológica, histórica, política e social e, nos anos 90, ele passa a ser o centro das discussões educacionais.

Apple (1993) traz a visão de um currículo democrático com ênfase na visão crítica social. Esse autor defendia escolas reais para pessoas reais. Trouxe indagações importantes sobre o currículo:

- O que significa um bom ensino?
- Quem tem o direito de fazer essa pergunta?
- Quem tem direito de responder essa pergunta?
- Quem se beneficia com o currículo e por quê?
- Quem controla o currículo? O currículo é justo?

Na escola democrática o trabalho é realizado de forma coletiva, participativa e dialógica, ela promove a constituição do professor como sujeito de sua prática.

Solidariedade e cooperação são características presentes, as escolas, nesse sentido, necessitam dialogar e representar a comunidade, são espelhos vivenciados da realidade que fazem parte da comunidade histórica. São organismos vivos e se comprometem a preservar a memória coletiva da sua história, pois possuem uma identidade, um currículo vibrante e a sua voz é compartilhada e repercute na realidade.

A vez e a voz dos partícipes são marcas dos envolvidos desta escola, um espaço de vitalidade e força, onde há o livre fluxo de ideias e a democracia é uma âncora ética, pautada no bem comum. O ambiente é colaborativo e não coercitivo, nele se desenvolve a autonomia moral dos envolvidos e a autoria do professor-educador integrando uma comunidade de aprendizagens.

Diferentes idades, diferentes etnias, diferentes culturas, diferentes aspirações e capacidades dão significado a esse currículo. A escola, nas concepções crítica e pós-crítica, é pensada na, para e com a comunidade, seus alunos são elaboradores de significados, nela eles abandonam o papel da passividade. Segundo Apple (1979), justiça, poder, dignidade e autoestima são valores estruturantes da escola democrática.

No início do século XXI, a concepção contemporânea de currículo é polissêmica, uma construção em processo, reveladora das dimensões culturais, sociais, práticas, históricas e políticas, vinculadas ao projeto político pedagógico carregado de intenções.

A escola tem o papel primordial na elaboração, desenvolvimento e implementação do currículo de forma coletiva, participativa e dialógica. Consiste numa realidade histórica específica que expressa a relação social entre os homens e o novo milênio, **uma visão contemporânea,** um currículo em ação e em construção composto pelas diferentes dimensões: social, prática, histórica e política.

Surgem novas perspectivas e novos focos temáticos, entre eles: currículo e novas tecnologias, currículo e gêneros, currículo e etnias, currículo e exclusão social, currículo e drogas, currículo e envelhecimento (vertentes que buscam o resgate de sentido contemporâneo do envelhecimento).

Ao pensar num currículo pensamos em determinados objetivos, definimos prioridades e os valores que orientam as definições de prioridades. Ao pensar em valores pensamos na formação de um tipo de homem.

Em um currículo devem constar os objetivos, os conteúdos, a trajetória, os procedimentos e a avaliação. A avaliação requer identificar os objetivos; explicitar os conteúdos; elencar procedimentos e medir clássica ou contemporaneamente se houve a aprendizagem. A avaliação se completa com autoavaliação: um exercício de olhar para si e se explicitar no contraponto do professor.

O currículo é uma práxis, antes que um objeto estático, emanado de um modelo coerente de pensar a educação ou as aprendizagens necessárias das crianças e dos jovens, que tampouco se esgota na parte explícita do projeto de socialização cultural nas escolas. É uma prática, expressão, da função socializadora e cultural que determinada instituição tem, que reagrupa em torno dele uma série de subsistemas ou práticas diversas, entre as quais se encontra a prática pedagógica desenvolvida em instituições escolares que comumente chamamos de ensino.

Ele se constitui como projeto baseado num plano construído e ordenado, relaciona a conexão entre determinados princípios e uma realização dos mesmos, algo que se há de comprovar e que nessa expressão prática concretiza o seu valor. É uma prática na qual se estabelece um diálogo, por assim dizer, entre agentes sociais, elementos técnicos, alunos que reagem frente a ele, professores que o modelam etc.

5.2 Tipologias curriculares

Descreve-se aqui, de acordo com Sacristán (2000, p.105), quatro tipos de currículos: operacional ou real; percebido; experienciado ou vivido; e oculto. As dimensões do currículo ocorrem simultaneamente.

Currículo operacional ou real - o que de fato ocorre na sala de aula. Tem diferentes facetas de uma proposta curricular. Ele é ao mesmo tempo prescrito e operacional. Sob o ponto de vista de pesquisa do observador é o que ele vê na sala de aula. O que é prescrito está desejável e ocorre na legislação vigente.

Currículo percebido - aquele que se diz fazer, mas que não necessariamente é realizado.

Currículo experienciado ou vivido - é como os alunos percebem e reagem segundo sua percepção, a partir do que vivem e experienciam.

Currículo oculto - desvela-se quando é claramente explicitado, o que não é muito usual, pois ele é implícito e representado pelas influências que afetam diariamente as aprendizagens dos alunos em meio às várias práticas, atitudes, gestos e percepções que percorrem no meio social escolar.

No plano escolar (PE) do colégio participante desta pesquisa, é possível confirmar a concepção crítica de currículo a que se dispõe e propõe:

> O Colégio Rio Branco, aqui denominado CRB, mantido pela Fundação de Rotarianos de São Paulo, tem, na sua origem e razão de ser, uma concepção humanista de educação que se explicita na sua missão: "Servir com excelência, por meio da educação, formando cidadãos éticos, solidários e competentes".
>
> A **concepção de infâncias, adolescências e aprendizagens** demanda uma proposta educativa que permita a compreensão da realidade e o desenvolvimento do ser humano nos seus níveis intelectual, afetivo, emocional e espiritual, seu compromisso com a ética e a responsabilidade social e planetária, numa visão de educação integradora e formadora de caráter.
>
> O CRB entende a **aprendizagem como uma construção constante**, que se dá a partir de interações que os sujeitos estabelecem entre si e com o meio em que vivem. O conhecimento que se constrói a partir dessas relações, mobiliza, no indivíduo, a criação, a significação e a ressignificação de conceitos anteriormente construídos, levando-o a novas investigações.
>
> Um desafio importante é propiciar **aprendizagem personalizada** num ambiente coletivo, respeitando as diferenças e as necessidades de cada indivíduo. Mais do que integrar pessoas diferentes, a instituição educacional deve acolher o espectro da diversidade humana, preocupando-se com a inclusão em todas as suas dimensões e com a equiparação de oportunidades para todos. (PE, 2022, p.6-7)

Prossegue-se com os teóricos que referenciam o trabalho desta pesquisa.

5.3 Estudos e fundamentos de sustentação

A instituição escolar nos próximos anos e, principalmente, pós-pandemia, caminha para a ressignificação do papel dos espaços social e comunitário e para a organização centrada na aprendizagem com a colaboração da expansão das tecnologias e das redes digitais de formação. Isso exige que os professores saiam de uma redoma de isolamento e confinamento de sua sala de aula e se abram para uma reflexão coletiva.

Porém, há uma grande relutância dos professores, na participação em cursos e em encontros de formação. Muitos desses cursos e encontros são vistos por eles como um trabalho burocrático, tarefa a cumprir, escolhida por outro e sem fazer sentido para o trabalho do professor e sem atender às suas necessidades. Os encontros mais proveitosos parecem ser os que promovem a participação efetiva dos que ali estão e os que propõem caminhos possíveis de serem percorridos posteriormente.

A problematização do tema desta pesquisa – que busca identificar a construção de um itinerário formativo de professores no paradigma educacional da comunicação, analisando se este paradigma constitui um elemento articulador do currículo e da gestão pedagógica – impulsionou a busca por alguns autores que trazem sustentação à análise, aprofundando os conceitos traduzidos nesta dissertação.

5.3.1 Currículo crítico e libertador - Pedagogia da autonomia

Na prática pedagógica libertadora, enunciada por Paulo Freire (1996), evidenciam-se possibilidades de emancipação do professor e do aluno à medida que essa relação for mediada por formas de discurso e conteúdos significativos, problematizada pela consciência crítica.

A pedagogia freireana, baseada na racionalidade comunicativa, pressupõe uma prática transformadora construída pelo homem que dialoga, indaga, refaz e recria a própria teoria. Nessa perspectiva, o ato de educar é sempre um ato de criação. Nesse sentido, a escola necessita ressignificar a sua função social e se mostrar como um ambiente formador de identidade dos sujeitos históricos que nela convivem.

Alguns conceitos trazidos por Freire são fundamentais para a construção do itinerário de formação de professores, a sua palavra tem a esperança do sonho e a força da ação e nos convida a fazer o possível sem paralisarmos por aquilo que aparenta ser impossível. A filosofia freiriana é descrita em suas obras: livros, cartas, artigos.

Em sua obra *Pedagogia da Autonomia* (1996) há a presença de muitos conceitos que nos ajudam a compreender a importância de um currículo crítico para o desenvolvimento de uma escola que tenha vida e que transborde aprendizagem, tanto pela autoria do professor como pela autonomia do aluno, em um processo coletivo que entende a aprendizagem para além da memorização.

Explicitando as ideias do autor de forma didática, enunciamos em forma de glossário, os principais conceitos para a compreensão das ideias norteadoras da proposta de Paulo Freire:

Ato de conhecimento - uma proposta de educação crítica, emancipatória, é uma possibilidade de se intervir no mundo com o objetivo de aperfeiçoá-lo e transformá-lo.

Ato Político - a possibilidade de atuar no mundo. Não é a política partidária. É uma política que pressupõe a atuação na realidade. É uma ação de criticidade.

Compromisso ético - quando se indaga criticamente pelo valor, pelo sentido, pelo significado de algo. O objetivo fundamental desse indagar ético é o bem comum. Beleza e felicidade estão integradas no bem comum. Ser ético é olhar com clareza, olhar rigorosamente.

Experiência estética - felicidade, o bem comum tem que ter um compromisso estético. A "boniteza" das coisas.

Educação - uma forma de intervenção no mundo. Porque quero identificar uma atuação em uma realidade concreta, num coletivo de educadores comprometidos, integrados numa comunhão de objetivos. Comunhão de quem partilha e vivencia o processo de conhecimento. Nela há a manifestação ética e a procura da boniteza.

Concepção de Currículo - emancipatório dinâmico, mutável, não apriorístico (pronto antes de começar). Não é uma pura relação de conteúdos. Pressupõe uma outra dinâmica. Ele abarca toda a vida de uma escola. É formado de práticas concretas. O trabalho é dialógico.

Concepção de homem - ser humano numa proposta emancipadora é um ser histórico e social. Homem é um ser inconcluso e sem expectativa de conclusão. Tem uma dimensão de conscientização e de humanização.

Professor - aquele que assume suas convicções e, por consequência, tem uma proposta de vida. Tem que estar disponível ao saber, ser sensível à beleza, ter respeito aos alunos e se reinventar na curiosidade deles. Disponível ao trabalho de revelar esse ser humano. Não há docência sem discência, seus sujeitos não se reduzem à condição de objeto um do outro. Quem ensina aprende ao ensinar; e quem aprende ensina ao aprender.

Aluno - um sujeito crítico e criativo que constrói o currículo no processo de aprendizagem.

Aula - um encontro participativo e dialógico. O conteúdo humano em que as interações vêm à tona. Nela há participação, diálogo criativo e humanístico (Quadro 2).

Quadro 2 – Conceito de aula freireana

	Dialogicidade	Criticidade	Participação
AULA	Abertura	Politicidade	Encurtadora de distâncias
	Amorosidade	Esperança	Alegria

Fonte: Elaborado pela autora

O **planejamento** - "o fato, porém, de que ensina o ensinante a ensinar um certo conteúdo não deve significar, de modo algum, que o ensinante se aventure a ensinar sem competência para fazê-lo. Não o autoriza a ensinar o que não sabe." (FREIRE, 1997, p.19). Instrumento importante que possibilita ao ensinante cumprir com o seu dever de se preparar, de se capacitar, de se formar para exercer sua atividade docente. Faz parte da responsabilidade ética, política e profissional.

Formação - a experiência docente, se bem percebida e bem vivida, vai deixando claro que ela requer uma formação permanente do ensinante. Formação que se funda na análise crítica de sua prática. Pensar a formação docente como uma prática educativo-crítica. A prática vai ratificando alguns saberes e retificando outros.

Aprendizagem - o aprendizado do ensinante ao ensinar se verifica à medida que ele, humilde, aberto, se ache permanentemente disponível a repensar o pensado, rever-se em suas posições; em que procura envolver-se com a curiosidade dos alunos e dos diferentes caminhos e veredas, que ela os faz percorrer. O processo de aprender pode deflagrar no aprendiz uma curiosidade crescente, que pode torná-lo mais e mais criador.

Estudo - é desocultar, é ganhar a compreensão mais exata do objeto, é perceber suas relações com outros objetos.

Erro - na verdade não é ter um certo ponto de vista, mas absolutizá-lo e desconhecer que, mesmo certo de seu ponto de vista, é possível que a razão ética nem sempre esteja com ele.

Prática docente - há saberes fundantes que precisam ser postos em prática e é com ela, a prática, que os saberes se confirmam, se modificam ou se ampliam.

Práxis - a teoria sem prática é falácia e a prática sem teoria é ativismo. O formando precisa assumir-se como sujeito de sua prática, sujeito da produção do saber.

Ensinar - não é transferir conhecimento, mas criar possibilidades para a sua produção ou a sua construção. Formar, nesse sentido, não é dar forma, estilo ou alma a um corpo indeciso e acomodado. O **ensino** deve despertar a "Curiosidade Epistemológica", ser problematizador e ensinar a pensar.

Formador - quem forma se forma e reforma ao formar e quem é formado forma-se ao ser formado. Ensinar inexiste sem aprender, somos seres históricos e inacabados. O processo de aprender pode deflagrar no aprendiz uma curiosidade crescente, que pode torná-lo mais e mais criador.

Ensino - deve despertar a "Curiosidade Epistemológica", ser problematizador ensinar a pensar.

Leitura - deve comprometer o leitor de imediato com o texto, não de forma automatizada, pois a compreensão do leitor é fundamental. Ao ler, ele também se torna sujeito.

Boniteza - estar no mundo e intervir no mundo, umas das condições necessárias a pensar certo é não estarmos demasiado certos de nossas certezas, inconciliável com a desvergonha da arrogância de quem se acha cheio de si mesmo.

Ciclo Gnosiológico - ensinar, aprender e pesquisar. Só ensina pensar quem pensa. Pensar certa demanda com profundidade na compreensão e interpretação dos fatos.

"Dodiscência" - docência-discência são práticas requeridas nesse ciclo. Na sua formação permanente, é necessário que o professor se perceba e se assuma, porque o professor é como pesquisador.

Curiosidade Epistemológica - o senso comum (curiosidade ingênua) quando é superado.

Criatividade - sem a curiosidade que nos move e que nos põe pacientemente impacientes diante do mundo que não fizemos, acrescentando a ele algo que fazemos.

Finalizamos o glossário reforçando a importância das reflexões trazidas por Freire, elas nos mobilizam a pensar sobre o saber docente e sua construção autônoma e emancipatória do ensinar.

É preciso ter humildade para reconhecer o que não se conhece, isso exige proclamar o próprio equívoco e proporcionar a autonomia do educando. Não se deve menosprezar alguém pelo que a pessoa não conhece, ao fazer isso decreto a minha falsa superioridade, a minha incompetência absoluta.

Redizer em lugar de desdizer. Quem pensa certo, busca segurança na argumentação e, discordando de seu oponente, não nutre por ele raiva desmedida.

Saber ensinar não é transferir conhecimento, mas criar as possibilidades para a sua própria aprendizagem.

5.4 Paradigmas da Educação

Noffs e Santos (2019) descrevem os conceitos sobre os paradigmas educacionais existentes:

1- Paradigma da Instrução: Educar como sinônimo de ensinar

O modelo de educação aqui traz o professor como o detentor do saber e o aluno como o depositário de informações, ocupando um lugar passivo. Os ideais da razão iluminista embasaram esse momento histórico, a transmissão da informação era, e ainda é por algumas instituições, valorizada, e as metodologias que padronizaram o ato educativo eram desenvolvidas.

A relação pedagógica estabelece espaços de poder, segundo Masetto (2010), citado em Noffs e Santos (2019) em uma linha vertical e individual, não há interação grupal. "Eu ensino e você aprende."

A aprendizagem é caracterizada como uma *modelagem*, supervalorizando a ação de ensinar, não se preocupando com o processo de aprender. A memorização e a repetição são recursos presentes nesse processo. "Se você não aprendeu é porque não estudou ou porque não quis."

A abordagem comportamentalista, caracterizada pela onipotência dos professores, enquadra-se no paradigma da instrução, desprezando a necessidade da compreensão do insucesso e evasão escolares.

2- Paradigma da Aprendizagem: ensinar é desenvolver competências relacionais e cognitivas

Aqui o ato de aprender se encontra mais relacionado com o desenvolvimento de competências cognitivas e relacionais do que com a apropriação de conteúdos construídos por outros (TRINDADE; COSME, 2010).

Nesta concepção, o professor ocupa o lugar passivo no processo de ensino aprendizagem e evidencia-se o papel do sujeito que aprende como aquele que exerce o papel principal nas ações educativas, evidencia-se a construção do conhecimento.

3- Paradigma da Comunicação: ensinar é contribuir para as aprendizagens dos alunos no seio de uma comunidade de aprendizagem por meio de uma ação educativa ativa, onde a interação entre o se fazer entender e o processo de escutar se fazem presentes, ocorrendo naturalmente.

Ensinar é permitir que as autorias de pensamento possam surgir no sujeito que aprende, valorizando a qualidade das interações que se estabelecem no interior dos mais diferentes espaços. É por meio da educação que se estabelecem as relações entre os atores sociais e o patrimônio cultural disponível, visando, assim, a aprendizagem. Simbolicamente poderíamos representá-lo colocando o saber e o aprendente como figuras centrais do processo e o professor como interlocutor qualificado. Em um movimento integrado, teríamos o espaço educativo e nele os indivíduos e suas relações com o saber e o patrimônio cultural.

A Figura 3 ilustra a flexibilidade curricular e os conceitos envolvidos, segundo Cosme (2018), representando o paradigma da comunicação: diálogo entre o saber, o aprendente, o professor e as relações com o espaço educativo.

Figura 3 – Síntese: flexibilização curricular

Fonte: Elaborada pela autora

As narrativas pedagógicas partem, no **paradigma da instrução**, do aluno como produtor de significados.

A informação não pode ser dessa forma dissociada da atividade cognitiva do sujeito, portanto, desenvolve-se o **paradigma da aprendizagem** em que a visão do aluno passa a ser do produtor de saberes. Como se fosse possível aprender sozinho e de forma autônoma em face da informação existente.

No **paradigma da comunicação**, ainda sob a perspectiva de Trindade e Cosme (2010), há a potencialização do patrimônio cultural e as interações entre as pessoas e entre as pessoas e os objetos de aprendizagem, atribuindo sentido a eles. Para que a aprendizagem aconteça de forma significativa é necessário que a transposição didática dos saberes esteja presente no processo.

Os paradigmas podem coexistir nas realidades educacionais, porém um deles terá maior preponderância nas escolhas curriculares feitas, caracterizando o perfil da instituição e suas relações de poder.

5.4.1 Transposição didática

Dentro do contexto do saber, do aprendente e do professor, se faz necessário aprofundar aqui o conceito de transposição didática, a qual pode ser entendida como a passagem do conhecimento científico ao conhecimento ensinado, como um processo de mudança do saber. O trabalho que transforma um objeto do saber ensinar em um objeto de ensino é denominado de transposição didática, assim como a sucessão de transformações pelas quais um saber passa. A transposição acontece quando o aluno apresenta desempenho na sua aprendizagem, mostra que aprendeu, modifica a ação.

Santana e Noffs (2016) trazem o conceito de transposição didática complementado por teóricos estudiosos do tema. Chevallard (2019) é citado por conceituá-la como trabalho de fabricar um objeto de ensino, fazer um objeto de saber produzido pelo "sábio" (o cientista), ser objeto do saber escolar.

Uma transposição didática bem-feita permite que os conhecimentos construídos em outros tempos e espaços possam ser reconstruídos, compreendidos e aplicados no contexto (espaço) em que o aluno/escola estão inseridos (tempo).

Há alguns passos importantes para uma transposição didática eficaz, entre eles:

1. conhecer aprendizagem;
2. selecionar, organizar e distribuir o conteúdo no tempo estabelecendo uma sequência, ordenando séries e conceitos;
3. relacionar etapas de análise, síntese e avaliação formativa com as características dos alunos;

4. selecionar materiais e mídias pelos quais os conteúdos serão apresentados;

5. escolher e aplicar técnicas e estratégias de ensino relacionando a teoria com as práticas por meio das estratégias de ensino;

6. promover a permanente a construção de significados dos conhecimentos com referência a sua aplicação;

7. levar em conta a pertinência em situações reais e relevantes. (MELLO, 2004, p.18)

A transformação pela qual passa o conhecimento na transposição inclui questões relativas ao ensinar, ao como ensinar, ao porquê ensinar determinado conteúdo e não outro, a como superar fragmentações do programa, enfim, a como ajudar o aluno a aprender. Para que isso ocorra, são fundamentais a interação e a comunicação entre professor e alunos, é um processo de transformar conhecimentos científicos acadêmicos em conhecimentos escolares.

O saber que foi produzido no contexto científico não chega na sala de aula da mesma forma. Nesse sentido, a formação de professores precisa ser contextualizada para que os educadores tenham condições adequadas para abordar os conteúdos na sua complexidade. Outro aspecto relevante trazido por Santana e Noffs (2016) é a avaliação da aprendizagem, ela torna-se imprescindível porque proporciona a informação sobre o funcionamento das situações didáticas que permite reorientar o ensino, fazer os ajustes necessários para avançar até o cumprimento dos propósitos propostos.

O conceito de transposição didática é dividido em partes: o *Saber sábio*, elaborado pelos cientistas; o *Saber ensinar*, que está relacionado à didática e à prática da condução da aula; o *Saber ensinado*, que é aquele que foi absorvido pelo aluno mediante as adaptações e transposições feitas pelos cientistas e pelos professores e, com base nesses saberes, nasce o *Saber aprendido*, que é o saber construído e reconstruído pelo aluno a partir de suas aprendizagens.

5.4.2 Metodologias ativas ou aprendizagem ativa

Ainda sobre o contexto do saber, do aprendente e do professor, ampliado nesse momento para o espaço educativo e suas relações com o saber, a discussão aqui presente versa sobre a necessidade de um percurso tanto de formação docente como discente em que a aprendizagem seja de fato ativa, que apesar de ser uma necessidade reconhecida é refutada e negada por muitos educadores. Fazer diferente implica experimentar o novo, processo que traz desconforto, incertezas e pressupõe acreditar, buscar e agir.

"O que move o professor em (trans)formação?" O Apêndice A traz a opinião de alguns educadores do colégio sobre essa questão. O mundo está mudando a passos largos e ritmo acelerado, a educação precisa rever o seu papel nesse contexto. O grande foco em educar deveria estar no ensino do pensamento crítico, da boa comunicação, da colaboração e da criatividade.

As novas gerações têm uma necessidade diferente para aprender. E isso exige dos educadores uma nova perspectiva e necessidade de investir no aprendizado de novas concepções de "ensinagem" (ensino e aprendizagem) para uma troca edificante com seus alunos em sala de aula: falamos da educação 4.0, evocada pela indústria 4.0. Sim, a economia regendo as mudanças mais uma vez: ou nos revemos e nos posicionamos como educadores ou somos engolidos por este movimento.

A Educação 4.0 consiste em um ensino híbrido: é a combinação de estratégias *on* e *off-line* para, durante o ensino, tornar os alunos mais criativos, autônomos e colaborativos. Nunca se acelerou tanto o caminho da inovação na educação como agora.

A Interdisciplinaridade, a colaboração, a cultura *maker* (mão na massa), o *learning by doing* (aprender fazendo) e a sala de aula invertida[17] são princípios desse movimento, a tecnologia saiu das aulas de laboratório.

---

17 Em inglês: *flipped classroom*, metodologia que se potencializou em 2007, nos Estados Unidos, com os professores Jonathan Bergmann, Karl Fisch e Aaron Sams. O objetivo dessa estratégia é usar recursos presenciais e virtuais para facilitar a aprendizagem dos alunos, de maneira que eles possam ativar seus conhecimentos para a aula.

Segundo os relatórios *Future of Jobs Report* (2016 e 2018), *Mind Miners*, SEBRAE, temos um contexto de um novo mercado, em uma graduação mais técnica, 50% do conteúdo visto no primeiro ano do curso de um curso de quatro anos estará ultrapassado quando os alunos se formarem.

A Educação 4.0 propõe uma abordagem mais tecnológica para os conteúdos, buscando soluções para acompanharmos esse processo de mudança. Ainda não alcançamos essa educação nas escolas de ensino privado, quiçá nas do ensino público, que carecem de infraestrutura para desenvolvê-lo e já temos, a todo vapor, a Educação 5.0, uma evolução do conceito anterior. Nela, as competências socioemocionais, também conhecidas como *soft skills*, são um importante pilar do desenvolvimento dos jovens.

> São elas que capacitam o indivíduo para usar a tecnologia de forma saudável e produtiva, criando soluções relevantes para a comunidade e transformando realidades. A Educação 5.0 também busca entender o impacto da tecnologia no cérebro humano e, consequentemente, a forma como aprendemos nos dias de hoje. Embora o conceito ainda esteja em desenvolvimento e em debate por especialistas da educação, já é possível entender como a Educação 5.0 tem forte relação com a cultura empreendedora. A ideia de escolas inseridas em um contexto colaborativo e do processo de aprendizagem com foco na resolução de problemas, acima do simples domínio da tecnologia, tem tudo a ver com mentalidade empreendedora.[18]

Pelo volume de informações e conhecimentos que atingem o indivíduo, torna-se essencial ele ser o condutor de seu crescimento pessoal e profissional. A reestruturação produtiva dos países está fortemente atrelada ao grau de desenvolvimento de seu sistema educacional.

Marx (filósofo econômico do século XIX) caracterizou o trabalho na sociedade capitalista como alienado. Utilizou o termo alienação para qualificar a condição dos homens em relação ao produto, ao processo e aos meios de produção. No sistema capitalista, os homens vivem essa condição de alienação, pois o produto desenvolvido não pertence ao tra-

---

18 Disponível em: https://bit.ly/37zvFQQ. Acesso em: 22 jan. 2022.

balhador, mas sim ao capitalista que comprou sua força de trabalho, sua capacidade de produzir durante um tempo determinado, entendendo-se aqui o professor como trabalhador.

O taylorismo (modelo de administração científica desenvolvido pelo engenheiro norte-americano Frederick Taylor, 1856-1915) constituiu-se em uma das formas de gestão capitalista, que se inicia no final do século XIX e abrange todo o século XX. Trata-se da chamada organização científica do trabalho, com a aplicação dos métodos da ciência aos problemas relativos ao controle do trabalho.

O conhecimento do todo constituía monopólio da atividade gerencial, retirando dos operários o controle do processo de produção. Parcialização, especialização, intensificação do trabalho e trabalho em série, assim, a escolaridade dos trabalhadores não se configurou como determinante na forma como o país desenhou sua industrialização.

Se o século XX se caracterizou como o século da produção em massa, o século XXI já se configura como o século da sociedade do conhecimento, barateamento dos produtos que são produzidos em grande escala. A reestruturação produtiva dos países está fortemente atrelada ao grau de desenvolvimento de seu sistema educacional. Falamos aqui da Terceira Revolução Industrial (a revolução microeletrônica).

A Globalização, com certeza, produziu efeitos no papel do Estado e na formação de professores no contexto da cultura e diversidade curricular.

Na execução de novas tarefas, diminuiu sensivelmente a importância das habilidades manuais, valorizando-se as habilidades intelectuais como: autonomia, flexibilidade, visão de conjunto, liderança e capacidade de tomar decisões. A ferida do aumento do desemprego é comum e alarmante.

A tarefa da escola contemporânea é formar cidadãos livres, conscientes e autônomos, que sejam fiéis a seus sonhos, que respeitem a pluralidade e a diversidade e que intervenham, de forma científica, crítica e ética, na sociedade brasileira.

Os conceitos e verdades que tínhamos e bastavam para vivermos e lidarmos com o mundo do século XX já não nos bastam no século XXI, desde o excesso de informações, a crise da democracia liberal para desenvolvermos pessoas capazes de agirem de maneira crítica e transformadora na realidade, trabalharem de forma ativa e colaborativa. É necessário quebrar os paradigmas que nos cercam e transformar a realidade da educação.

Na aprendizagem ativa, compreende-se que o aluno não deve ser um mero receptor de conceitos, mas deve se engajar, de maneira ativa, para obter seu conhecimento, estabelecendo quais são seus objetivos e indo atrás das informações proativamente.

A personalização dos percursos de aprendizagens dos alunos possibilitando que eles aprendam com a interação de profissionais mais experientes, como professores, tutores ou mentores, colaborando com o aprendizado e aprimoramento dos percursos individuais e coletivos é uma das características das metodologias ativas. Existem muitos modelos e possibilidades para serem utilizados nestas metodologias, conforme Moran (2018):

Sala de aula invertida: tem como principal função otimização do período de aprendizagem do aluno e do professor, as informações ficam a cargo do aluno e o professor é um curador. É importante oferecer feedback imediato, estudos indicam que o mais adequado é começar por projetos, atividades e experimentação do que materiais prontos.

Aprendizagem baseada em Problemas: metodologia que se reporta a Dewey (1859 a 1952) - parte de um problema dos alunos e o principal objetivo é incentivar o estudo autônomo de determinados conteúdos, a fase final envolve atividade reflexiva de autoavaliação e avaliação coletiva e um produto final com uma proposta de intervenção social. Exige uma mudança significativa no currículo, pois configura uma matriz não disciplinar.

William N. Bender, líder internacional focado em estratégias de ensino de práticas, com ênfase na resposta à intervenção e no diferenciado trabalho em salas de aula de educação geral, em seu livro *Aprendizagem Baseada em Projetos - educação diferenciada para o século XXI* (2015), traz o significado da metodologia como ação eficaz e que consiste em permitir que os alunos confrontem as questões e os problemas do mundo real que consideram significativos, determinando como abordá-los e, então, agindo de forma cooperativa em busca de soluções.

Para trabalhar de forma cooperativa, dando a vez e ouvindo a voz dos alunos, o professor necessita da oportunidade de se constituir e se construir no trabalho da mesma forma. Desenvolver nas ações de formação a habilidade de fazer perguntas e problematizar a educação em busca de soluções é imprescindível para que a aprendizagem se desenvolva de forma colaborativa. É necessário que haja espaço para que o professor tenha vez e que sua voz, também, seja ouvida.

Embora o objeto desta pesquisa seja o itinerário de formação de professores em uma escola do ensino privado, cabe aqui uma reflexão sobre as condições do ensino público em nosso país e a necessidade de uma mudança na concepção e ação para a realização de um ensino que priorize a aprendizagem ativa. Trata-se de uma política pública de Estado e não de governo, em que os interesses partidários sejam superados para que o bem comum prevaleça.

A estratégia para o combate às desigualdades e à exclusão social de um país está na adoção de políticas públicas dirigidas à igualdade de oportunidades dos indivíduos, principalmente por meio da educação, da formação profissional, da saúde, da habitação e da segurança.

Como movimento para enfrentar esses desafios, em 2012, foi aprovado o Plano Nacional de Educação (PNE 2011-2020), que dá sequência a uma visão sistêmica de educação já presente no Plano de Desenvolvimento da Educação (PDE) de 2007. Suas metas são: erradicação do analfabetismo; universalização do atendimento escolar; superação das desigualdades educacionais; melhoria da qualidade de educação; formação para o trabalho e para a cidadania; promoção do princípio de gestão democrática da educação; promoção humanística, científica, cultural e tecnológica do país; estabelecimento de meta de aplicação de recursos públicos em educação como proporção do produto interno bruto, que assegure atendimento às necessidades de expansão, com padrão de qualidade e equidade; valorização dos profissionais de educação; promoção dos princípios do respeito aos direitos humanos, à diversidade e à sustentabilidade socioambiental.

O sucateamento das escolas públicas nos últimos anos tem como reflexo a falta de infraestrutura, desde condições básicas ao número de alunos por sala o que aumenta a desigualdade social e por conseguinte educacional no país, mas o que é importante ressaltar é que tanto no ensino privado quanto público a maior deficiência é na formação de professores para que tenham uma concepção de aprendizagem condizente com construção de uma aula que permita o engajamento do aluno em relação ao objeto de aprendizagem.

5.5 Formação docente

Ao escolher a palavra formação, é preciso refletir se ela dá conta do arcabouço de conceitos e sua complexidade. A palavra desenvolvimento parece ser mais adequada, já que o saber não é dado e sim construído e conquistado, mas esta pesquisa reforça, como já mencionado antes, que a palavra FORMAÇÃO tem dentro dela o conceito alargado para a ação de TRANSFORMAÇÃO.

A formação de professores tem se apresentado como um grande desafio para as demandas atuais de educação de qualidade. Nem dos cursos de Pedagogia, nem das Licenciaturas saem, atualmente, profissionais que atendam às demandas da educação do século XXI.

O professor no mundo do trabalho tem um referencial teórico vivido, ele é um intelectual orgânico que muitas vezes vive o equívoco do sentido da sua profissão, dada a dimensão da complexidade do ser profissional da educação, pois esbarra nas relações de poder e nas relações de Cultura.

A Formação permanente[19] e não Formação continuada[20] precisa estar ancorada no espaço científico da Construção do Saber, parte-se de um problema, busca-se a fundamentação teórica e almeja-se a mudança da prática. As contradições do ato educativo é que levam à mudança,

---

19 Formação Permanente: é composta por cursos, grupos de estudo e especializações voltadas para a prática em exercício do professor. Pode acontecer e ser oferecida dentro da escola ou procurada externamente pelo profissional.

20 Formação Continuada é composta por cursos convencionais de graduação, pós-graduação, MBA, entre outros. O foco é acadêmico e conceitual.

unidades de consenso e dissenso provocam no professor a busca pela transformação da sua prática.

O campo epistemológico da formação dos Professores investiga o como o professor constrói a sua profissionalização docente e o entendimento da Cultura do cenário educativo.

É por meio da territorialidade e da concepção do currículo passando pelo viés da gestão que se pensa a formação do professor. Há intencionalidade educativa, que traz o sujeito para essa construção, pelos seus desejos e pela concretização da prática.

Os saberes, dessa forma, são compartilhados e construídos coletivamente, a ação revela que há a apropriação do mundo, a formação dos professores é um compromisso político e social.

A educação não é mais considerada um patrimônio exclusivo dos professores e sim da comunidade, estabelecendo novos modelos relacionais e participativos na prática da educação, considerando uma maior participação docente.

Para que o professor seja um profissional é preciso que ele tenha autonomia para tomar decisões, pois ele é um agente dinâmico cultural, social e curricular.

Imbernón (2011, p.13) traz a formação como exercício permanente e reforça o conceito de autonomia para que o professor seja um profissional capaz de tomar decisões e solucionar problemas. Destaca, ainda, a necessidade de formar um professor na mudança e para a mudança por meio do desenvolvimento de capacidades reflexivas em grupo, uma verdadeira autonomia profissional compartilhada. Propõe a criação de espaços de participação, reflexão e formação para que se possa conviver com a mudança e a incerteza.

Segundo o autor, é necessário estabelecer um debate sobre análise das relações de poder e sobre as alternativas de participação na profissão docente. A globalização ou mundialização traz a ideia de indicadores de desempenho para medir a qualidade educativa, a falsa autonomia da educação e o avanço do gerencialismo educativo. Imbernón (2011) destaca três ideias fundamentais que devem ser analisadas no debate profissional:

1. A existência ou não de um conhecimento profissional autônomo dos professores. Participação normativa ou efetiva?

2. A estrutura da profissão docente e a legitimação oficial da transmissão do conhecimento escolar surgida na época pré-industrial mostra-se inadequada para o momento atual. É preciso trazer a interação educativa entre os membros da comunidade, havendo uma participação significativa na tomada de decisões escolares.

3. É necessário desenvolver novas práticas alternativas baseadas na verdadeira autonomia com mecanismos de participação democrática da profissão. Precisamos compreender o que ocorre com o currículo que impede o desenvolvimento de novas culturas. Devemos basear os programas de formação docente para desenvolvimento de competências, com ênfase na habilidade técnica.

Essa formação pretende obter um profissional que deve ser ao mesmo tempo agente de mudança individual e coletiva. É importante que o professor saiba o que deve fazer, mas também é importante que saiba por que deve fazê-lo. A capacitação do professor deve apoiá-lo na atitude de planejar sua tarefa não só como técnico, mas como facilitador de aprendizagem: um prático reflexivo capaz de provocar a cooperação e a participação dos alunos.

O plano de ação da docência, em seu desenvolvimento prático, assume a importância da reflexão sobre a prática em um contexto determinado, estabelecendo um novo conceito de investigação.

Trata-se de formar um professor como um profissional prático-reflexivo que se defronta com situações de incerteza, contextualizadas e únicas, e que recorre à investigação como uma forma de decidir e de intervir. Em tais situações o foco da formação, nesse sentido, passa a ser o desenvolvimento da capacidade de refletir sobre a própria prática docente, como, também, a realidade social e, de forma conjunta com a comunidade que envolve a escola, implantar e avaliar os processos de mudança.

As novas gerações têm uma abordagem diferente para aprender. E isso exige dos educadores uma nova perspectiva de ensino e a necessidade de investir em caminhos mais eficientes e que se diferenciem daqueles já percorridos no aprendizado de novas técnicas de "ensinagem" para uma troca edificante com seus alunos em sala de aula.

A formação de professores é um fator-chave na excelência educacional. De acordo com o blog da Diálogos Formação Pedagógica[21] (2019), a formação qualificada:

1. *Incentiva a troca de conhecimento*: Participar de ações de formação permite que os professores troquem seus conhecimentos e ideias com educadores de outras escolas. Este "intercâmbio" possibilita estabelecer um diálogo aberto para, de maneira plural, estabelecer novos olhares para os mesmos desafios.

2. *Aumenta sua rede de contatos*: Os encontros além-escola possibilitam a construção de novos relacionamentos. Isso se traduz em estabelecer contatos importantes que poderão ajudar na hora de montar e apresentar projetos, ou até mesmo em uma nova possibilidade de plano de carreira.

3. *Melhora os resultados de aprendizagem de seus alunos*: O desenvolvimento profissional transforma os professores em melhores e mais aptos educadores, permitindo-lhes criar instruções relevantes e adaptadas para os alunos de hoje.

4. *Contínua implementação de novas ideias*: Descobrir novas estratégias de ensino possibilita o retorno à sala de aula estabelecendo mudanças em seus planejamentos; mas isso só é possível quando existe o apoio da coordenação durante a implementação de alguma nova prática. De nada adianta o professor investir em sua formação profissional e não possuir o aval dentro da escola.

---

21 Diálogos é uma empresa de educação que atua com a formação de professores, clube do livro e viagens pedagógicas. Em novembro de 2011, oficialmente a Diálogos é fundada enquanto empresa. Em 2016, cria a Diálogos Embalados, kit pedagógico enviado a várias cidades e estados brasileiros para auxiliar na formação docente. DIÁLOGOS VIAGENS PEDAGÓGICAS - 30 DE ABRIL DE 2019 - Disponível em: https://www.dialogosviagenspedagogicas.com.br/blog/por-que-a-formacao-de-professores-e-um-fator-chave-na-excelencia-educacional. Acesso em: 19 maio 2022.

Quando se sentem apoiados, a mudança é efetiva e notória, propagando a sensação de dever cumprido.

5. *Inicia um ciclo próspero de cultura da aprendizagem*: Quando um professor toma a iniciativa de se capacitar e transfere esse conhecimento para seus colegas, ajuda a criar uma cultura de aprendizagem em toda escola. Todos se beneficiam!

6. *Promove o autocuidado*: Não é muito difícil que os professores se sintam sobrecarregados com as demandas da própria profissão; o trabalho de ensinar é exaustivo - embora muito compensador.

É imprescindível que o professor tenha um tempo de estudos para si mesmo, assim é possível alcançar o autodesenvolvimento. A aquisição de conhecimentos é uma excelente escolha pessoal e profissional, afinal o que aprendemos ninguém nos tira.

O ensino pela inovação não acontece por condicionamento, o professor não pode ser um mero executor do currículo, ele não pode inovar em uma instituição que não inova, é preciso que o contexto seja favorável à inovação.

O professor, nesse sentido, é um agente dinâmico cultural, social e curricular que necessita manter constantemente a pesquisa colaborativa e exercer o protagonismo coletivo, portanto, institucional.

Considerando-o como profissional, sua formação vai muito além da Pedagogia e é mais ampla do que as possibilidades oferecidas dentro da escola, ela passa a ter um caráter coletivo e individual pela busca do aprimoramento profissional.

Segundo Imbernón (2009, p.18), a formação permanente de professores é ainda muito prisioneira de modelos tradicionais, teóricos e muito formais que dão pouca importância à prática, à reflexão sobre ela e ao compartilhamento de experiências. Sem transpor pontes é quase impossível visualizar e conhecer o que temos do outro lado da margem.

A formação permanente do professor deve potencializar a identidade docente e o formador precisa ser um mediador reflexivo, pois a prática educativa muda apenas quando o professor quer modificá-la e não quando o formador diz que é para fazê-lo.

O autor reforça ainda a experiência necessária de transformar as escolas em **comunidade de aprendizagem**[22], em que o diálogo, a participação, a cooperação e a solidariedade entre todos sejam convergentes com o objetivo de melhorar a educação das crianças e dos jovens que ali estão.

Imbernón (2009) propõe cinco eixos de atuação na formação permanente:

1- A reflexão prático-teórica;

2- A troca de experiências entre iguais;

3- A união da formação a um projeto de trabalho;

4- A formação como estímulo crítico ante práticas profissionais;

5- O desenvolvimento profissional da instituição educativa mediante o trabalho conjunto para transformar essa prática, da experiência isolada e individual à inovação institucional.

Outro grande desafio é a credibilidade da profissão, há uma questão de dimensão ética sobre a prestação de contas dos resultados de aprendizagem, por um lado, um desconforto docente e, por outro, uma insegurança do domínio de indicadores por parte de quem faz a educação, parecendo a escola não saber lidar com dados. Os números não mentem, mas podem passar uma ideia equivocada de avaliação.

Carlos Marcelo García (1999), doutor em Ciências da Educação pela Faculdade de Filosofia e Ciências da Educação da Universidade de Sevilha, no livro *Formação de Professores: para uma mudança educativa*, traz princípios claros da formação de professores como referenciais para a construção do percurso da formação. Segundo ele, a formação deve:

1- Ser um processo contínuo, mantendo os princípios éticos, didáticos, pedagógicos em que a formação inicial e a permanente se articulam para o desenvolvimento profissional;

2- Integrar a processos de mudança, inovação e desenvolvimento curricular;

---

22 Comunidade de Aprendizagem é um modelo educativo comunitário em que que a prática se baseia numa organização implícita ao serviço da aprendizagem em colaboração. Tem uma metodologia baseada nos agrupamentos flexíveis e a aprendizagem baseada na cooperação e no diálogo. Wikipédia Acesso em: 25 jun. 2022.

3- Estar ligada ao desenvolvimento organizacional da escola;

4- Integrar conteúdos acadêmicos e disciplinares e a formação pedagógica do professor;

5- Integrar teoria e prática;

6- Procurar o isomorfismo entre a formação recebida e o tipo de educação que posteriormente será pedida que se desenvolva;

7- Destacar o princípio da individualização como o elemento integrante de qualquer programa de formação de professores;

8- Possibilitar o questionamento de suas crenças e práticas institucionais.

García relaciona a **formação de professores**, a aprendizagem profissional e a ação docente, procurando mostrar que a relação entre **formação** e a ação prática é uma relação complexa, mediada pelos contextos em que os **professores** vivem.

Com uma visão histórica, aprofunda o conceito das diferentes abordagens conceituais, tipos e formas de aprendizagem do adulto professor, resgatando os preceitos da Andragogia[23].

As crenças que os professores trazem consigo na formação inicial afetam diretamente a interpretação e a valorização das suas experiências de formação, de forma lenta e inconsciente. Quando iniciam a sua formação trazem as suas crenças pessoais e a imagem interna de como seria um bom professor, há uma projeção de seus mestres.

Muito se fala em educação e sobre educação, mas a voz dos professores é muito ausente no debate educativo. É preciso conquistar a sociedade para o trabalho, trazer a pessoalidade do professor, o que implica o compromisso pessoal de valores do ponto de vista da profissão. Nada substitui um bom professor, aquele que tem bom senso, capacidade de incentivo e de motivação, aquele que faz do momento de aprendizagem o encontro humano, que traz a importância do diálogo,

---

23 Andragogia é uma palavra de origem grega que significa "ensinar para adultos". Esse termo foi utilizado pela primeira vez em 1833, pelo alemão Alexander Kapp, mas se popularizou na década de 70 com Malcolm Knowles, educador americano que se tornou referência no tema.

que desperta a vontade de aprender. Os professores precisam ser reconhecidos e prestigiados na sua competência e apoiados em seu trabalho para que de fato sejam articuladores políticos na sociedade, precisam estar mergulhados de corpo inteiro na ação docente para mobilizar os seus colegas na causa da boa educação e acreditar na Pedagogia como caminho de proposição para a mudança educativa.

A formação de professores não pode nem deve desconsiderar as questões da contemporaneidade e os seus dilemas. Nóvoa (2002), educador português, ao falar do desafio do professor no mundo contemporâneo, aborda três grandes dilemas.

O primeiro deles refere-se **à escola centrada na aprendizagem**, que deixa de ter o aluno centrado no processo e passa, por meio dos conhecimentos contemporâneos, a defender uma escola que não transborde, mas que assuma o seu compromisso educativo: desenvolver em seus alunos a efetiva aprendizagem.

Traz a importância dos resultados escolares, pois sem eles não há patamar comum de conhecimento e uma escola centrada na aprendizagem precisa dar maior atenção aos resultados de seus alunos. Faz uma crítica à prática docente excessivamente homogênea e uniforme e reforça o poder de trabalho de cooperação entre os alunos dentro da sala de aula.

Nesse sentido, o professor não é o único ensinante, a sala de aula constrói uma ponte com o conhecimento e não levanta muros, tornando-o isolado na figura de um professor detentor do saber.

O segundo dilema trazido por Nóvoa diz respeito à **escola como sociedade e não comunidade**, assim, quem participa dela tem afinidades, mas são diferentes e precisam ter suas diferenças respeitadas.

O terceiro dilema trazido pelo autor é sobre a visão da **escola como instituição e não apenas como serviço** que, ao lado da aprendizagem e da sociedade, como instituição, completa o tripé que reforça a importância da identidade do professor.

Há um paradoxo entre o excesso de tarefas que a escola assume e o excesso de pedidos que a sociedade faz para a escola, gerando uma grande fragilidade do estatuto docente. Há também um paradoxo entre o discurso do professor reflexivo e ao mesmo tempo a inexistência de condições de trabalho concretas, tempo, matéria-prima, que são fundamentais para reflexão. Dessa forma, o primeiro desafio é a melhor organização da profissão do professor, afinal, o nível de humanidade de uma sociedade pode ser medido quando se pergunta como ela cuida de suas crianças e de seus jovens. É preocupante ainda mais o cuidado com o jovem professor. A formação aparece como o segundo grande desafio, ela deve ser sentada nas práticas e na análise das práticas ação e a reflexão da ação.

Esse é o ponto de convergência com a preocupação desta pesquisa, muito se fala de formação de professor, pouco se fala e pouco se compartilha erros e acertos no processo. É preciso que haja uma reflexão significativa sobre as intervenções e o percurso de formação oferecido ao professor para que lhe dê o suporte necessário para que ele saia do desejo e vá para ação.

Finaliza-se este capítulo com dois conceitos importantes para o direcionamento da pesquisa, ambos transitam pela questão da experiência.

Jorge Larrosa Bondía (2002, p.2) traz em suas reflexões o poder das palavras e o sentido que elas tomam na constituição do nosso ser. Sem percorrer uma abordagem tecnicista ou reflexiva, propõe o pensar a educação à luz da experiência e do sentido.

As palavras determinam nosso pensamento, dão sentido ao que somos, ao que nos acontece, influenciam como nos colocamos diante de nós mesmos, dos outros e do mundo. O homem é um vivente com palavra.

A experiência é o que nos acontece, o que nos toca. A informação não é experiência e muitas vezes não deixa lugar para que a experiência ocorra. O saber das coisas nem sempre é o saber da experiência. A cada dia se passam muitas coisas, porém a cada dia nada nos acontece enquanto experiência. Segundo Larrosa Bondía (2002), em função de alguns fatores:

Primeiro, a obsessão pela informação anula nossa possibilidade de experiência, como se estivéssemos imersos em um processo de hiperassimilação.

Segundo, a ideia que temos de aprendizagem significativa: primeiro informar e depois criticar, pois na crítica pensamos encontrar o significado da aprendizagem. Ensinamos a responder e não possibilitamos a experiência.

Terceiro, a falta de tempo, a velocidade com que nos são dados os conhecimentos, na forma de vivência instantânea, pontual e fragmentada, impede a conexão significativa com o acontecimento.

O sujeito moderno é um consumidor voraz de notícias, de novidades, extremamente satisfeito e ansioso. Ao sujeito do estímulo, da vivência pontual, tudo o atravessa, tudo o excita, tudo o agita, tudo o choca, mas nada lhe acontece. A destruição generalizada da experiência é consequência de um sujeito que não pode perder tempo e, por não poder perdê-lo, não experimenta.

Em quarto lugar, a experiência é cada vez mais rara por excesso de trabalho. O autor distingue, aqui, trabalho de experiência. O sujeito moderno crê que pode fazer tudo o que se propõe em uma hiperatividade de produção. E, por não poder parar, nada lhe acontece ou experimenta.

A experiência requer dar-se tempo e espaço, parar para olhar, escutar, ver, sentir. O sujeito da experiência se define por sua receptividade, sua disponibilidade, a sua passividade, no sentido de deixá-la passar. Na exploração da palavra experiência, Larrosa Bondía (2002) traz a etimologia do termo e a inseparável ideia agregada a ele: a dimensão de travessia e do perigo. Buscar sua oportunidade, fazer a sua ocasião, correr riscos, experimentar, desafiar-se, assim é o ser da experiência, aquele que mostra a sua capacidade de deformação, transformação e vulnerabilidade, é movido pela lógica da paixão.

O saber da experiência se dá na relação entre o conhecimento e a vida humana, não da verdade do que são, mas do sentido do que nos acontece, portanto, revela sua qualidade existencial.

Duas pessoas, ainda que enfrentem o mesmo acontecimento, não fazem a mesma experiência. Ninguém pode aprender a experiência do outro, a menos que seja de algum modo revivida e tornada própria.

Experiência não é como um experimento da Ciência Moderna, feito como uma acumulação progressiva de verdades. A lógica do experimento é genérica, a lógica da experiência é singular.

Como viver, ou diria, sobreviver, em uma sociedade da informação, e criar espaço para experiências? Qual o papel que devemos ocupar na gestão da formação de educadores para desenvolver sujeitos de sua aprendizagem, capazes de pela experiência serem produtores de conhecimentos e não depositários de conteúdos/ informações descartáveis?

Se de um lado temos a concepção de Larrosa Bondía (2002) de que ninguém pode aprender a experiência do outro, a não ser que ela seja revivida pelo sujeito, por outro, temos por meio da homologia dos processos educativos como uma oportunidade de experienciar o que oferecemos ao outro para que a experiência seja também nossa e faça sentido.

Donald Schön, no fim dos anos 90, reconhece o professor como um autor dos processos e que, a partir de suas experiências, conhecimentos e contextos, elabora novas experiências com e para os alunos. É necessário, portanto, que o professor vivencie, durante o processo de formação, atitudes, valores, procedimentos e modos de organização que devem ser incorporados por meio da experiência prática, como uma oportunidade de aproximar a formação vivida com a ação desenvolvida em sala de aula. A homologia dos processos trata de um princípio importante para a gestão democrática, aproximando os discursos aos valores da educação.

Figura 4 – Momentos de formação (1)   Figura 5 – Momentos de formação (2)

Fonte: Arquivo de fotos do CRB   *Fonte: Arquivo de fotos do CRB*

Como ilustram as Figuras 4 e 5, os momentos de formação são os que oportunizam a troca, a reflexão e a experimentação.

Em sua tese de doutorado, Abreu Souza (2011) amplia o conceito da experiência a partir da concepção de diferentes autores (Dewey, Freire e Vasquez, Bondía Larrosa, Nóva), como apresentado no Quadro 3 na página seguinte.

Quadro 3 – Síntese das ideias dos autores

AUTORES	EXPERIÊNCIA	SUJEITOS	OBJETO DE DISCUSSÃO
Dewey	A aprendizagem atrelada aos contextos da prática e da descoberta.	Ativos, inacabados, "ser" que está sendo.	**Influência histórica** da experiência e sua desvalorização, visto que a dicotomização é estabelecida entre o conhecimento e a experiência.
Freire e Vasquez	Experiências exigem a ação das pessoas, pressupõem um sujeito cognoscitivo. Ação sobre a própria realidade.	Ativo - assume a sua individualidade, sua ação, sua intencionalidade, resultado de uma ação. A ação do sujeito resulta em um produto que é a própria expressão singular.	**Prática Pedagógica como práxis** nutrida de sentido e significado; atividade humana concebida a partir da ação e da reflexão para assim aperfeiçoar a ação.
Bondía Larrosa	Experiência é o que nos afeta, o que nos faz sentido. O saber da experiência se dá entre o conhecimento e a vida humana.	Discute aspectos que impedem o sujeito da experiência, como a informação, excesso de opinião, falta de tempo e excesso de trabalho.	**Ação que possibilita sentido e significado** resulta e **experiência**. Aponta a importância da palavra como produto da própria maneira de ser e fazer dos sujeitos da experiência.
Nóvoa	Experiência concreta construída nos espaços profissionais que requer identidades e práticas pedagógicas.	Discute sujeitos em formação e diálogo com os outros, com os pares e valoriza a "comunidade de práticas".	Defende a **formação** dentro da profissão, refletir sobre o próprio fazer e pensar pedagógico; fortalece a importância do autoconhecimento.

Fonte: Abreu Souza (2011, p. 97)

Nesse sentido, o saber da experiência requer um sujeito ativo, reflexivo que vivencie a prática e compartilhe seus saberes, buscando sentido e significado à sua ação como docente.

Há muitas experiências em formação de professores, mas a sinergia entre órgãos privados e públicos para o desenvolvimento desse processo é um caminho fértil e que muito pode contribuir com a qualidade da educação. Destacamos o Programa Institucional de Bolsa de Iniciação à Docência (Pibid), criado em 2007 com a coordenação da Capes, que oferece bolsas de iniciação à docência aos alunos de cursos presenciais que se dediquem ao estágio nas escolas públicas e que, quando graduados, se comprometam com o exercício do magistério na rede pública. Com essa iniciativa, o Pibid faz uma articulação entre a educação superior (por meio das licenciaturas), a escola e os sistemas estaduais e municipais.

A Pontifícia Universidade Católica de São Paulo, por meio de seus cursos de licenciaturas, participa do programa como citado a seguir:

> O desenvolvimento dos trabalhos enraizou-se na exploração do contexto efetivo do ofício de ser professor, imerso nas condições possíveis do exercício da profissão. Vivemos a experiência da busca de *evidentes meios práticos* para, em virtude da exigência, existir e materializar-se em aprendizagem significativa. Perseguimos a seleção de objetos culturais considerados desejáveis à comunidade tendo em conta a temporalidade e historicidade da aprendizagem.
>
> Como meta geral tivemos presente o propósito de favorecer ao aluno da graduação a habilidade de transportar, interpretar e adaptar seu discurso a quem se dirige como legítimo herdeiro crítico e intérprete dialógico e a urgência em se adotar a cultura pedagógica, metodológica e didática para identificar, analisar, refletir e decidir sobre o quê fazer. (NOFFS, 2018, p.85)

Em 2018, a PUC/SP publicou um livro com relatos de experiências dessa prática que contou com atividades de observação, supervisão, orientação e assessoria na resolução de problemas enfrentados e constituiu-se em etapas previamente planejadas como: conhecer a escola; elaborar projetos de intervenção; avaliar o programa; divulgar e elaborar relatórios e prestação de contas. As práticas foram registradas e compartilhadas por meio de workshops, diários, relatórios, colóquios, encontros de formação, seminários, eventos, publicações.

O processo de formação de professores caminha junto com a produção do lócus escolar em mutação constante por meio da criação de ações coletivas entre a gestão, as práticas didático-pedagógicas, curriculares e culturais e as condições concretas e trabalho vivenciadas pelos sujeitos envolvidos. […]

Entendemos que o conceito de formação está associado ao conceito de desenvolvimento pessoal e a um trabalho em que as pessoas devem "se conhecer" para que possam, em situação de ensino, assumir-se como ensinantes". "Desta forma similar encontramos no processo de ação e o modo de ensinar e as atividades do aprender, o aluno e o professor." (NOFFS, 2008, p.67 *apud* NOFFS, 2018, p.26)

Essa experiência mostra a articulação da formação inicial, a gestão das escolas públicas e a prática como oportunidade de reflexão e fundamentação teórica em contexto.

5.6 Professor e seus saberes

Maurice Tardif é professor titular da Universidade de Montreal e dirige o Centro de Pesquisa Interuniversitária para a Formação Docente. Suas pesquisas trazem o recorte social da formação e resgatam as memórias de aprendizagem do professor.

No século XX, as ciências e as técnicas, enquanto núcleo fundamental da cultura erudita contemporânea, foram consideravelmente transformadas em forças produtivas e integradas à economia, há uma relação moderna entre saber e formação, conhecimento e educação.

Nenhum saber é por si mesmo formador, saber alguma coisa não é mais suficiente, é preciso também saber ensinar, em outras palavras, os mestres assistem a uma mudança na natureza de sua mestria: ela se desloca dos saberes para os procedimentos de transmissão dos saberes prontos.

No decorrer do século XX, a Psicologia se torna o paradigma da referência para Pedagogia, a formação dos professores perde, simultaneamente, sua característica de formação geral para se transformar em formação profissional especializada (racionalização).

Cientificação e tecnologização da Pedagogia são os dois polos da divisão do trabalho intelectual e profissional estabelecidos entre os corpos formadores das escolas normais e das universidades.

O saber que o educador deve transmitir deixa de ser o centro de gravidade do ato pedagógico; é o educando, a criança, essencialmente, que se torna o modelo e o princípio da aprendizagem. O ato de aprender se torna mais importante que o fato de saber, podendo chegar até a confundir-se totalmente com o saber-fazer, o saber-lidar e o saber-estar com as crianças.

No decorrer dos séculos XIX e XX, a educação e a infância tornam-se espaço de problemas públicos e campo de uma ação social racionalizada e planejada pelo Estado, com tratamento uniforme, planejamento centralizado, o modelo de referência é o modelo Fabril da produção industrial.

O saber docente pluralizou-se e diferenciou-se com o surgimento de subgrupos de especialistas e de docentes portadores e reivindicadores de saberes específicos como a ortopedagogia[24] e o ensino pré-escolar. Advém daí a erosão do capital de confiança dos diferentes grupos sociais nos saberes transmitidos pela escola e pelos professores, pois não parecem corresponder, senão de forma muito inadequada, aos saberes do mercado de trabalho. Surge então a necessidade de micro estratégias cujo desafio seria determinar quais são os saberes socialmente pertinentes dentre os saberes escolares.

Havendo uma lógica de consumo dos saberes escolares, a instituição escolar deixaria de ser um lugar de formação para tornar-se um mercado onde seriam oferecidos, aos consumidores, saberes instrumentos, um capital de informação mais ou menos útil para o seu futuro posicionamento no mercado de trabalho e sua adaptação à vida social. Os professores, ao invés de formadores, seriam muito mais informadores ou transmissores de informações potencialmente utilizáveis pelos clientes escolares.

---

24 Especialização da Pedagogia que estuda crianças, jovens e adultos com deficiências intelectuais, físicas e outros transtornos que podem comprometer a aprendizagem.

O corpo docente, na impossibilidade de controlar os saberes disciplinares, curriculares e da formação profissional, produz ou tenta produzir saberes por meio dos quais ele é capaz e domina a sua prática.

As pesquisas realizadas por Tardif (2019) indicam que, para professores, os saberes adquiridos por meio da experiência profissional constituem os fundamentos de sua competência, pois é com base nos saberes experienciais que os professores conseguem os modelos de excelência profissional dentro de sua profissão.

Os saberes experienciais não se encontram sistematizados em doutrinas ou teorias. São saberes práticos e formam um conjunto de representações que possibilita aos professores interpretar, compreender e orientar sua profissão e sua prática cotidiana em todas as suas dimensões. É a cultura docente em ação, encontra-se na interação com outras pessoas, a começar pelos alunos. A ação docente se realiza em uma rede de interações, capacidade de se comportarem como sujeitos, como atores e de serem pessoas. A interação com pessoas fornece aos professores certezas relativas a seu contexto de trabalho na escola, de modo a facilitar sua integração.

Os saberes experienciais possuem três objetos:

a) as relações e interações que os professores estabelecem;

b) as diversas obrigações e normas às quais seu trabalho deve submeter-se;

c) a instituição enquanto meio organizado e composto de funções diversificadas.

A prática do professor nos seus três primeiros anos de atuação é crucial para a personalização do seu trabalho. Os saberes experienciais ampliam-se na relação dos saberes dos outros, no confronto.

O docente também é um formador, a troca entre professores, as experiências obtidas fazem parte da partilha de saber dos professores e tem um efeito de retomada crítica, retroalimentação, dos saberes adquiridos antes ou fora da prática profissional. Nesse sentido, a prática pode ser vista como um processo de aprendizagem por meio do qual os professores reproduzem sua formação e adaptação a sua profissão. Saber plural, formado de diversos saberes provenientes das instituições de formação, da formação profissional, dos currículos e da prática cotidiana, o saber docente é, portanto, essencialmente heterogêneo.

Os saberes experienciais surgem como núcleo vital do saber docente pelo qual os professores tentam transformar suas relações de exterioridade com saberes em relações de interioridade com sua própria prática.

Os saberes experienciais passaram a ser reconhecidos a partir do momento que os professores manifestaram suas próprias ideias a respeito dos saberes curriculares e disciplinares e, sobretudo, a respeito de sua própria formação profissional. É preciso ouvir o professor!

Será preciso uma outra reforma de ensino para finalmente sermos os responsáveis pelas faculdades de educação e os formadores universitários dirigirem-se à escola dos professores de profissão para aprenderem como ensinar e o que é o ensino?

As articulações entre a prática docente e os saberes fazem dos professores um grupo social e profissional cuja existência depende de sua capacidade de dominar, integrar, mobilizar tais saberes enquanto condições para sua prática.

Os professores ocupam, no campo dos saberes, um espaço estrategicamente tão importante quanto aquele ocupado pela comunidade científica e deveriam ter um prestígio à altura. Precisamos refletir sobre o motivo de tal fato não acontecer.

O professor ensina o que tem em sua memória, o que vivenciou, portanto, o que de fato aprendeu, a neurociência confirma essa análise.

Tardif (2019, p.48-49) nos chama a atenção para a problemática do saber docente e os saberes constitutivos da prática docente, afirmando que nenhum saber é por si transformador, é preciso saber ensinar.

Os saberes sociais, conjunto de saberes de que dispõe uma sociedade, e os saberes de educação, conjunto dos processos de formação e de aprendizagem elaborados socialmente e destinado a instruir a sociedade, são determinantes no desenvolvimento da prática pedagógica e das escolhas metodológicas do professor. Este é, antes de tudo, alguém que sabe alguma coisa e que transmite esse saber a outros.

É preciso identificar e definir os diferentes saberes presentes na prática docente, bem como as relações estabelecidas entre eles e os professores. A natureza das relações que os professores estabelecem com os saberes, assim como a natureza dos saberes desses mesmos professores são elementos fundantes.

O saber docente se compõe de vários saberes provenientes de diferentes fontes. O corpo docente é desvalorizado em relação aos saberes que possui e transmite. Os saberes experienciais constituem os fundamentos da prática e da competência profissional.

A produção de novos conhecimentos tende a se impor como um fim em si mesma e as atividades de formação e de educação parecem passar os saberes para segundo plano. São de um certo modo comparáveis a estoques de informações tecnicamente disponíveis, renovadas e produzidas pela comunidade científica em exercício e passíveis de serem mobilizadas nas diferentes práticas sociais, econômicas, técnicas, culturais etc.

Os educadores, os pesquisadores, o corpo docente e a comunidade científica tornam-se dois grupos cada vez mais distintos, destinados a tarefas especializadas de transmissão e de produção dos saberes sem nenhuma razão entre si. Essa visão fabril dos saberes dá ênfase somente à dimensão da produção.

Todo saber, mesmo novo, insere-se numa duração temporal que remete à história de sua formação e de sua aquisição. Quanto mais desenvolvido, formalizado e sistematizado é um saber, como acontece com a ciências e os saberes contemporâneos, mais longo e complexo se torna o processo de aprendizagem.

O novo surge e pode surgir do antigo, exatamente porque o antigo é atualizado constantemente por meio dos processos de aprendizagem. Formações com base nos saberes e produção de saberes constituem dois polos completamente complementares e inseparáveis do corpo docente. Têm uma função social estrategicamente tão importante quanto a comunidade científica e dos grupos produtores de saberes.

Os **saberes docentes** são um saber plural, formado pela fusão dos saberes oriundos da formação profissional e de saberes disciplinares, curriculares e experienciais, os saberes profissionais, os saberes destinados à formação científica, transmitidos pelas instituições de formação de professores.

É raro ver os teóricos e pesquisadores das ciências da educação atuarem nos meios escolares e em contato com os professores, assim, há uma divisão de trabalho entre produtores de saber e executores ou técnicos.

Os **saberes pedagógicos** nascem das reflexões sobre a prática educativa no sentido amplo, reflexões racionais e normativas que conduzem os sistemas mais ou menos coerentes de representação e de orientação da atividade educativa, eles articulam-se entre si e com as Ciências da Educação.

Os **saberes disciplinares** correspondem aos diversos campos do conhecimento, aos saberes de que dispõe a nossa sociedade, tais como se encontram hoje integrados nas universidades sob a forma de disciplinas. Eles emergem dos grupos sociais produtores de saberes.

Os **saberes curriculares** correspondem aos discursos, objetivos, conteúdos e métodos com base nos quais a instituição escolar categoriza e apresenta como saberes sociais por ela definidos e selecionados como modelos da cultura erudita. São saberes que correspondem aos programas escolares.

Os **saberes experienciais ou práticos** são saberes específicos baseados em seu trabalho cotidiano e no conhecimento de seu meio, eles incorporam-se à experiência individual e coletiva sob a forma de habilidades de saber fazer e de saber ser.

Como ilustrado no Quadro 4, na página seguinte, os saberes docentes se iniciam muito antes da sua formação profissional e se ampliam no decorrer do percurso do educador.

Quadro 4 – Saberes docentes

Saberes dos professores	Fontes sociais de aquisição	Modos de integração no trabalho docente
Saberes pessoais dos professores	A família, o ambiente de vida, a educação no sentido lato etc.	Pela história de vida e pela socialização primária
Saberes provenientes da formação escolar anterior	A escola primária e secundária, os estudos pós-secundários não especializados etc.	Pela formação e pela socialização pré-profissionais
Saberes provenientes da formação profissional para o magistério	Os estabelecimentos de formação de professores, os estágios, os cursos de reciclagem etc.	Pela formação e pela socialização profissionais nas instituições de formação de professores
Saberes provenientes dos programas e livros didáticos usados no trabalho	A utilização de "ferramentas" dos professores: programas, livros didáticos, cadernos de exercícios, fichas etc.	Pela utilização das "ferramentas" de trabalho, sua adaptação às tarefas
Saberes provenientes de sua própria experiência, na profissão, na sala de aula, na escola	A prática do ofício na escola e na sala de aula, a experiência dos pares etc.	Pela prática do trabalho e pela socialização profissional

Fonte: Tardif (2019, p.63)

O professor ideal é alguém que deve conhecer sua disciplina e seu programa, além de possuir certos conhecimentos relativos a ciências da educação e pedagogia e desenvolver um saber prático baseado em sua experiência cotidiana com os alunos.

As articulações entre a prática docente e os saberes fazem dos professores um grupo social e profissional cuja existência depende, em grande parte, de sua capacidade de dominar, integrar e articular seus saberes para fundamentar a sua prática. Os professores ocupam uma posição estratégica, porém socialmente desvalorizada. A função docente se define em relação aos saberes, mas parece incapaz de definir um saber produzido e controlado pelos que a exercem.

Os professores não controlam nem a definição nem a seleção dos saberes curriculares e disciplinares, portanto, transmitem as decisões que as instituições tomam (relação de exterioridade). O professor é um executor e não protagonista de sua ação, há alienação entre os docentes e os saberes, há uma divisão entre o saber técnico e prático e o saber erudito e teórico.

5.6.1 Professor como sujeito

Feldmann (2008, p.170) defende que o professor é um sujeito que professa valores, saberes e atitudes na perspectiva da transformação, ao compartilhar relações, projetos coletivos de leitura, ao interpretar e reinterpretar os sentidos e significados do conhecimento e da existência humana.

A formação docente é entendida como uma dimensão de reconstrução permanente da identidade pessoal e profissional e não pode mais ser vista como um processo de acumulação de conhecimentos dispostos de forma estática (cursos, teoria, técnicas), desvinculados da concepção e da análise da cultura escolar na qual os professores interatuam (FELDMANN, 2008, p.172).

O quadro de Rockwell (Figura 6) ilustra a professora como uma representação afetiva, mas distante, apesar de ser seu aniversário, sobre a mesa é possível observar as maçãs dadas de presente. A imagem mostra uma professora como detentora do saber e responsável pela ordem e disciplina, as crianças estão com um olhar de contemplação e rigorosamente enfileiradas. É exatamente essa representação do magistério que está em reconstrução.

Figura 6 – *Feliz Aniversário Miss Jones*, de Norman Rockwell (1956)

Fonte: https://arteeartistas.com.br/. Acesso em: 06 abr. 2022.

Nesse sentido, a práxis compreende, além do trabalho, momento laborativo, o momento existencial. Ela se manifesta tanto na atividade objetiva do homem, que transforma a natureza e marca com sentido humano os materiais naturais, como na formação da subjetividade, na qual os momentos existenciais como a angústia, a náusea, o medo, a alegria, o riso e a esperança não se apresentam como experiência passiva, mas como parte do processo de realização da liberdade humana.

5.6.2 Professor: profissional reflexivo

Perspectiva proposta por alguns autores para a formação inicial e continuada dos professores, dos quais destaco Schön (1983, 1987, 2000), nos Estados Unidos; Marcelo García (1992, 1999), na Espanha; Nóvoa (1992), em Portugal.

As raízes dessa epistemologia encontram-se na ação reflexiva, proposta por Dewey (1953, 1959), que propunha a diferenciação do pensar e do fazer rotineiro. Esse autor destaca a importância de fazer diferente a prática, qualificando a ação, após reflexão. Argumenta que quando falamos de um professor com muita experiência precisamos nos perguntar se ele tem muitos anos de experiência ou se pouca experiência repetida várias vezes.

Fazer diferente nos faz experientes, refletindo sobre a prática que desenvolvemos, ajustando velas para navegar cada vez melhor, mudando o jeito de navegar sempre que se fizer necessário.

Como diz García (1992, p.60), "[...] a necessidade de formar professores que venham a refletir sobre a sua prática, na expectativa de que a reflexão será um desenvolvimento do pensamento e da ação".

O professor se torna sujeito de sua prática por meio do diálogo e da racionalidade emancipatória quando tenta transformar o mundo. Ninguém se educa sozinho, estamos em uma comunidade pensante, o homem faz a sua história coletivamente, a construção dos saberes compartilhados se mostra eficiente na constituição dos grupos de formação docente.

O professor reflexivo é um mediador, instigador da curiosidade, vive a unidade teoria-prática e faz dessa relação uma relação reflexiva. Ele é mais participativo, mais solidário, produtor de conhecimento, preocupa-se com uma sociedade mais justa e humana, é mais criativo e democrático. A formação de professores produtores de seu conhecimento deve levar em conta o ambiente em que os sujeitos estão inseridos e a sua concepção de currículo vivido e não só prescrito.

A prática reflexiva, segundo Schön (1987), constrói o conhecimento em três etapas, representadas na Figura 7, em forma de espiral:
- Reflexão para a ação;
- Reflexão na ação;
- Reflexão sobre a ação.

Figura 7 - Ciclo reflexivo

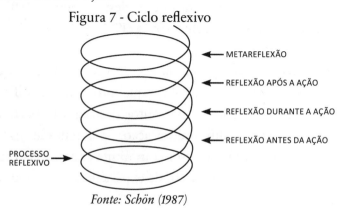

Fonte: Schön (1987)

A qualidade de um profissional reflexivo, nesse sentido, é pensar sobre a própria prática, planejar, pensar no que e como se faz, avaliar o que se fez e reconstruir o caminho da ação para atingir melhor a intenção planejada.

É preciso, portanto, que o professor se mobilize e encontre caminhos para vencer as dificuldades do dia a dia, fazendo a transposição didática da sua reflexão para a ação educacional, sendo ao mesmo tempo sujeito ativo e objeto de observação e reflexão.

5.6.3 Professor: Interlocutor qualificado

Em 2017, o Ministério da Educação de Portugal promulgou o Projeto de Autonomia e Flexibilidade Curricular (PAFC), que foi desenvolvido como projeto piloto em cerca de duzentas escolas. Em julho de 2018, foi publicado o estudo dessa implementação como decreto-lei institucionalizando o projeto, que traz reflexões sobre os desafios, exigências e implicações de um projeto que leva os professores e a escola a assumirem decisões curriculares capazes de suscitar um novo currículo com estratégias que estimulem a inteligência, a autonomia solidária e a participação dos alunos no cotidiano escolar.

Os Domínios de Autonomia Curricular (DAC) e o projeto de Cidadania fazem parte do currículo e para que sejam desenvolvidos é necessário compreender as problemáticas que envolvem as questões do papel do aluno e do professor e o patrimônio cultural dito comum, já que vivemos em uma sociedade tão diversa e plural.

O PAFC propõe e requer outra forma de conceber os atos de ensinar e aprender, de ser aluno e professor e sobre a abordagem do patrimônio cultural dito comum.

Escolas e docentes assumem autonomia para tomar as decisões curriculares e pedagógicas capazes de suscitar um projeto de formação significativo e empoderador, cabendo aos professores serem interlocutores qualificados (COSME 2009; TRINDADE; COSME, 2010), contribuindo para uma relação produtiva do ponto de vista das aprendizagens e das competências que se espera que os alunos realizem e desenvolvam, estabelecendo uma relação produtiva.

O objetivo da escola é promover o desenvolvimento cognitivo e relacional dos alunos, assim como estratégias de pesquisas, de processamento da informação e de resolução de problemas. A atividade cognitiva ocorre de forma integrada aos demais saberes.

Como interlocutores qualificados os professores assumem papéis diferenciados, a escola é um espaço de socialização cultural e é necessário estabelecer uma relação entre os alunos e o patrimônio cultural dito comum, de forma a suscitar aprendizagens significativas de maneira que essa relação seja autêntica, significativa e plausível entre o tal patrimônio e as experiências e desafios culturais, sociais, relacionais e éticos de cada disciplina que o aluno possa viver.

Figura 8 - O professor e a aprendizagem no conceito de Flexibilidade Curricular

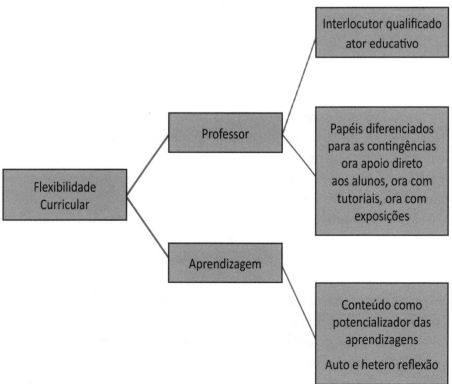

Fonte: Elaborada pela autora a partir de Cosme (2018)

É um processo complexo (Figura 8) porque não pode prescindir nem da existência dos alunos nas suas particularidades cognitivas, culturais e experimentais, nem da existência do patrimônio cultural já construído. Os professores terão que ser vistos como atores educativos, partindo das informações com as quais se confrontam ou mobilizando-as para ampliar as suas possibilidades no desenho de projetos e na resolução de problemas, na tomada de decisões ou no relacionamento com os outros.

Faz-se necessário o planejamento de projetos interdisciplinares, não como um fim em si mesmos, mas como meios que articulam e não justapõem os conteúdos. As competências não podem ser dissociadas dos conteúdos ou de alguma área do saber, é inaceitável prescrever a necessidade de envolver todas as disciplinas no desenvolvimento de projetos de natureza interdisciplinar. A autenticidade e o sentido da articulação entre as disciplinas deverá ser a maior preocupação, de forma a ampliar as possibilidades de aprendizagens.

Questões estruturantes permitem operacionalizar o trabalho dos professores com os saberes do patrimônio e o saber-fazer de cada disciplina, criando condições capazes de gerar aprendizagens significativas e bem-sucedidas.

O Decreto-Lei n. 55/2018 traz um conjunto de soluções para que os professores desenvolvam estes projetos: combinação total ou parcial, unidades de curta duração.

As aprendizagens essenciais assumem como um documento de apoio às decisões curriculares dos professores e visam favorecer a autonomia do processo e a flexibilização das mesmas levando em conta:

- O perfil do aluno em ação;
- A alternância de períodos multidisciplinar e colaborativos;
- Os trabalhos práticos e experimentais;
- A organização de turmas ou outra organização;
- O desenvolvimento na escola; e
- Os blocos (horário semanal, de forma rotativa ou de outra forma, funciona como trimestral, semestral ou outra organização).

Definição das áreas das competências a partir do desenho de dez áreas do conhecimento, com descritores operativos tendo visto seus objetivos, metodologias e tipos de relacionamento entre atores e avaliação. Algumas competências poderão ser de ordem transversal e terão implicações positivas na qualidade e no nível de aprendizado que o aluno poderá e deverá alcançar na escolaridade obrigatória, dando respaldo a decisões estratégicas para a definição das aprendizagens essenciais.

Os métodos pedagógicos só adquirem sentido em função do modo como os utilizamos (TRINDADE; COSME, 2010), portanto, não devemos ter uma ação hegemônica de um método pedagógico, como se o ato de aprender não fosse complexo, tenso e diverso.

Devemos articular a noção de método com a de Ciclo Didático. Segundo Zabala (1998), um conjunto de atividades ordenadas que se estruturam de forma articulada para se cumprirem determinados objetivos educacionais, o que pressupõe a possibilidade de se criar uma sinergia entre os métodos congruentes com os objetivos que se quer atingir.

A metodologia de projeto deve ser abordada no âmbito de uma pedagogia do projeto como uma opção entre outras opções possíveis. Os professores devem buscar metodologias que tenham o ponto de partida das atividades de aprendizagem dos alunos, a cooperação entre estes como condição educativa a respeitar e a partilha das respostas e dos procedimentos adotados como finalidade do trabalho a realizar.

A distância entre o dizer e o fazer pedagógico está claramente estabelecida em Trindade e Cosme (2010). Não é possível abordar a avaliação como um momento pedagógico dissociado, entre outras coisas, do que se entende por conhecer e, por consequência, do modo como se constrói o conhecimento.

A avaliação formativa alternativa descrita por Fernandes (2006) se aproxima ao conceito de avaliação desenvolvido no PAFC, como uma ponte entre o mundo real do aluno e a aprendizagem em si, o que implica selecionar cuidadosamente tarefas que mobilizem os estudantes a raciocinar e a mobilizar informações em tarefas significativas, o que exigirá em contrapartida feedbacks inteligentes, diversificados, de distribuição frequente, e de elevada qualidade em função do qual se ativem os processos cognitivos e metacognitivos dos alunos. Os alunos, desta forma, aprendem a se responsabilizar pelas suas aprendizagens e, progressivamente, cria-se uma cultura baseada no princípio de que todos podem aprender.

Em função da reflexão sobre o PAFC o material propõe inspirar a ação dos professores através conhecimento do DAC, através da gestão dos horários, interdisciplinaridade e transdisciplinaridade, dos desafios pedagógicos do PAFC, na operacionalização da pedagogia dos projetos e na cooperação entre os docentes, entendida aqui como um objetivo estratégico institucional.

6. Gestar e gerenciar: dimensões envolvidas

Gestar é um exercício intrínseco de escuta, experiência e dimensão do tempo. Dar origem a algo, organizar, planejar e desenvolver atividades que facilitem o processo de trabalho. Neste capítulo são trazidos conceitos sobre a gestão com enfoque no pedagógico e o diálogo estabelecido com a formação, considerando o contexto pandêmico. Há a reflexão sobre o paradigma da comunicação como facilitador da ação do gestor.

6.1 Concepção de gestão pedagógica

O gestor é o articulador do projeto pedagógico em busca de melhores resultados da ação educativa, para isto é necessário estabelecer uma conexão entre coordenadores, professores, alunos e demais colaboradores da comunidade.

Na concepção crítica de currículo, a gestão da escola é participativa, democrática e descentralizada. Preocupa-se com a conscientização, tendo como suporte epistemológico o diálogo, com a criação coletiva, cuidando dos aspectos da autonomia, autogestão e solidariedade, ela é uma gestão emancipadora que transforma e oportuniza a escrita da própria história.

Na contemporaneidade a gestão precisa ser sustentável, a ideia de comunidades profissionais de aprendizado prevalece, nelas o conhecimento é compartilhado para que haja a efetividade e o aprimoramento das e nas ações realizadas ali.

Assim, as pessoas se comprometem compartilhando um propósito comum, nesse sentido desenvolve-se o reconhecimento e a articulação de diferentes pontos de vista para tomada de decisões coletivas. O debate é um dos melhores meios de identificar e implementar as melhorias necessárias. Para se alcançar a coesão e o dinamismo de uma comunidade de aprendizado sustentável, a liderança não pode e não deve se concentrar no diretor, no coordenador ou em outros gestores, ela deve ser estendida ao longo da escola.

O gestor construirá o propósito e será a referência e o grupo, dentro daquela comunidade de aprendizado, fará a gestão e o movimento. Assim estará ao lado, construirá junto, nunca sozinho, nesse sentido pode e deve ser agente potencializador de mudanças.

Conforme Lück (2009, p.75),

> [...] alguns elementos emergem como características comuns de atuações de liderança efetiva e que, portanto, compõem o seu significado:
> • Influência sobre pessoas, a partir de sua motivação para uma atividade.
> • Propósitos claros de orientação, assumidos por essas pessoas.
> • Processos sociais dinâmicos, interativos e participativos.
> • Modelagem de valores educacionais elevados.
> • Orientação para o desenvolvimento e aprendizagem contínuos.

O Eu-gestor é fortalecido pela competência desenvolvida e pela autoridade conquistada e não outorgada. A gestão é construída e constituída no grupo e é com ele que o gestor se desenvolve e reconhece o seu trabalho.

A gestão sustentável pressupõe uma liderança duradoura pela sua construção e consistência. Ela se difunde, não é nociva e sim benéfica ao ambiente, promove diversidade coesa e respeitosa, não se esgota em recursos humanos e materiais, mas os desenvolve. O desenvolvimento da gestão vai se aprimorando à medida que há a reflexão sobre o sucesso ou insucesso das intervenções estabelecidas, a abertura para uma postura mais crítica e aberta.

A mudança de atitude envolve o olhar para si, a desconstrução de algumas crenças e/ou valores, a humildade em enxergar-se humano falível, em busca de algo para aprimorar-se no caminho que busca atingir o aluno e interagir com ele. Repetimos em nossa prática os modelos arraigados daqueles que nos marcaram.

Sobre gestar e gerenciar, Lück (2009, p.23) afirma: "Não se recomenda, nem se justifica, a divisão de trabalho nas escolas, como muitas vezes ocorre, delimitando-se para o diretor a responsabilidade administrativa e para a equipe técnico-pedagógica a responsabilidade pedagógica."

Dessa segmentação nasce o conceito de gerente, aquele ligado aos processos administrativos, portanto, relacionados à infraestrutura que proporcionará os meios para atingir o fim. O gerente, nesse sentido, concentra as atividades ligadas a processos e o gestor a pessoas e resultados, porém cabe ressaltar que, quando falamos de Gestão Escolar, a atuação é um meio e não um fim, é processo e não exclusivamente produto. Antes de ser efetiva, a aprendizagem dos envolvidos é essencialmente um processo afetivo.

De acordo com Lück (2009, p.27), a gestão educacional se apresenta em quatro dimensões:

1. Fundamentos e princípios da educação e da gestão escolar;

2. Planejamento e organização do trabalho escolar;

3. Monitoramento de processos e avaliação institucional;

4. Gestão de resultados educacionais.

Assim, ao ter em mente uma visão de conjunto das dimensões de gestão escolar, cabe ao diretor, ao colocá-las em prática de forma integrada e interativa, ter em mente, também em conjunto, os fatores internacionalmente citados como responsáveis pelo sucesso educativo das escolas (SAMMONS; HILLMAN; MORTIMORE *apud* FERRÃO *et al.*, 2001), a saber:

1. Liderança profissional;

2. Visão e metas compartilhadas pelos agentes educativos;

3. Ambiente de aprendizagem;

4. Concentração no processo ensino-aprendizagem;

5. Ensino estruturado com propósitos claramente definidos;

6. Expectativas elevadas;

7. Reforço positivo de atitudes;

8. Monitoramento do progresso;

9. Direitos e deveres dos alunos;
10. Parceria família-escola;
11. Organização orientada à aprendizagem.

O planejamento será, portanto, tanto mais eficaz quanto mais cuidadosa for a reflexão promovida: rigorosa, crítica, de conjunto e livre de tendências e de ideias preconcebidas. Conforme Padilha (2001, p.30) afirma, "o ato de planejar é sempre processo de reflexão, de tomada de decisão sobre a ação, de previsão de necessidades e racionalização do emprego de meios necessários para a concretização de objetivos".

A Figura 9 ilustra as operações mentais envolvidas no planejamento e as etapas necessárias para a articulação de mudanças e implementação de projetos pelo gestor. Partir de onde se está, do que se tem e das dificuldades encontradas, ver sentido e saber para onde ir atingindo seus objetivos.

Figura 9 – Operações mentais

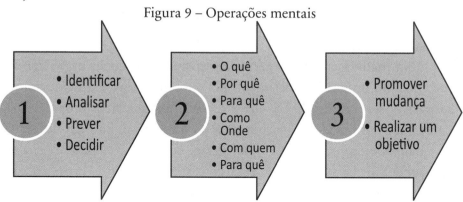

Fonte: Adaptado de Lück (2008, p.31)

O perfil de liderança pode variar de acordo com o contexto, mas uma das características básicas em comum aos diretores que comandaram processos de mudança – segundo Góis (2020, p.147), apoiado na pesquisa feita com diretores de vários locais do Brasil de países do exterior – é a postura não conformista e a capacidade de comunicar, de maneira clara, metas em comum e de engajar todos os atores no processo.

O autor ainda aponta que o excesso de tempo que os diretores gastam com tarefas administrativas, em comparação com o que dedicam à gestão da aprendizagem, não é um problema apenas do Brasil. Conclui dizendo que as ações de maior impacto dos diretores foram aquelas que ajudavam a construir um forte clima escolar voltado para a aprendizagem e elenca, fundamentado em sua pesquisa, as ações do diretor (nesta dissertação, chamado como gestor), que conduzem a equipe a bons resultados de aprendizagem:

- Ter uma cultura da colaboração;
- Construir objetivos comuns;
- Desenvolver pessoas;
- Estreitar laços com a comunidade;
- Criar um bom clima escolar;
- Estabelecer relações de confiança;
- Ter foco no trabalho pedagógico.

Nesse sentido, o papel de uma liderança na transformação da escola é essencial.

Na medida em que sistemas de ensino continuem organizando seu trabalho ordenado e orientado por um enfoque meramente administrativo, será muito difícil que a escola, por iniciativa própria e na contramão das iniciativas orientadoras do sistema, venha a dar um salto de qualidade em seu processo de gestão, como se pretende. Torna-se fundamental que se construa uma consistência entre os processos de gestão de sistemas de ensino e o que se espera que ocorra no âmbito da escola, mediante uma orientação única e consistente de gestão (LÜCK, 2015, p.26).

A cultural organizacional deve ser levada em conta na atuação do gestor, já que ele é um profissional de criação e acompanhamento dos resultados de aprendizagem, para que articule seu papel e desenvolva sua equipe, precisa compreender a cultura e a partir desse conhecimento criar estratégias de ação. À luz da pesquisa de Esther Carvalho (2019), a mudança de cultura se dá no desenvolvimento de pessoas:

O gestor precisa compreender a cultura organizacional da qual faz parte, que o constitui como pessoas e que influencia a maneira como a sua liderança se estabelece, seus estilos e orientações, modelos mentais, assim como caminhos para solucionar problemas. Essa compreensão, certamente, envolve a subjetividade do gestor. Entretanto, não considerar a existências da cultura é mais limitante na implantação de inovações curriculares do que considerar vieses que estão presentes na análise. (CARVALHO, 2019, p.115)

A gestão pedagógica traz, portanto, a figura do diretor superando a visão do gerente que confere o resultado ao final de uma linha de produção. Nessa visão de gestão, o diretor (gestor pedagógico) desenvolve um olhar abrangente do trabalho educacional; lidera a escola de maneira que toda a comunidade coloque vida nas ações do projeto político pedagógico e do currículo; constrói um ambiente de colaboração com o foco na melhoria contínua dos processos e resultados pedagógicos; desenvolve a integração horizontal e vertical das ações; integra as demais dimensões da gestão; e articula as iniciativas de melhoria contínua.

6.2 Gestar na Pandemia

A pandemia do Coronavírus - SARC 19 gerou o distanciamento social e nos colocou dentro de nossas casas, junto com as instituições de ensino e as famílias. Essa situação nos fez indagar qual é a concepção de currículo em momentos de crises e também nos fez refletir sobre o papel da educação sem a presença e o contato com as principais personagens do cenário educativo. Se acreditamos que aprendemos com o outro, como fazer se surpreendentemente nos vemos sem o outro ou, pelo menos, não mais como o víamos, de perto? No Apêndice B há um texto publicado sobre o cotidiano do colégio na pandemia.

Fomos descobrindo que o distanciamento, mesmo que efetivo, pode e deve ser afetivo. A escola naquele momento estava onde estávamos: em nossas casas. Aprender foi um exercício de desafiar-se nessa imensa rede de afeto que estabelecemos na rede digital.

O que mestres como Paulo Freire fariam se estivessem conosco nesse momento tão vulnerável e instável? Momento em que os professores se reinventaram e em que o distanciamento social potencializou o isolamento cultural e o direito à melhor educação. Talvez eles tenham reafirmado que devemos respeitar o outro em toda a sua plenitude, entender o outro, projetar-se no lugar dele, conhecer o seu aluno, ouvir suas necessidades, humanizar a educação sempre, princípio inegociável para esse autor.

Estar longe e perto, paradoxal a princípio, mas necessário e importante naquele momento. Podemos aprender a distância e com a distância? Sim, a experiência mostrou que é possível, desde que instaurada a colaboração entre docentes e discentes como uma rede de apoio tecida para dar sustentação ao trabalho.

De uma semana para outra precisamos encorpar recursos digitais para que a educação não parasse. Falo de um lugar privilegiado: uma escola particular que, mesmo com todos os recursos, sentiu-se desafiada. Aqui a gestão precisou cuidar do suporte técnico, apoiar a formação em serviço e em ritmo acelerado, pois a necessidade não permitia aguardar os professores que utilizavam as ferramentas sem autonomia. Foi preciso refletir sobre a qualificação das aulas; o tempo e o espaço que se diferenciavam; a produtividade dos encontros de formação; o suporte emocional para o corpo docente que precisava diariamente superar desafios: a câmera fechada dos alunos; a invasão da sua privacidade; os protocolos do *home office*[25]; as perguntas pelo chat; o silêncio; as vozes de familiares que por vezes se misturavam às vozes discentes; o medo; a insegurança; as quedas do sistema, da internet; a falta de tato e do toque.

Espaços de partilha foram criados, momentos de café virtual para batermos um papo, nos vermos na tela, rirmos e lembrarmos dos momentos presenciais. Sem o deslocamento dos professores para o colégio, houve a otimização do tempo. Os planejamentos se integraram. As aulas por roteiros foram preciosas para os alunos que "caiam e voltavam", permitindo o autoestudo. Até hoje os roteiros são planejados e utilizados.

A pandemia mostrou para a escola uma realidade que estava

---

25 *Home office*: Modalidade de trabalho em que o colaborador cumpre suas tarefas profissionais em um lugar diferente da empresa, geralmente em casa. Modalidade recentemente regulamentada.

chegando aos poucos, pois é uma realidade já instaurada em muitas empresas. Elas se automatizam cada vez mais com softwares poderosos e inteligência artificial, de tal modo que se expandem empregando um número muito menor de trabalhadores.

O crescimento da economia sem empregos nos ameaça, a tecnologia aumenta a produtividade da economia e afeta empregos de baixa qualificação e agora começa a atingir os empregos de alta qualificação, uma ameaça à classe média.

A criatividade e a capacidade de solucionar problemas são habilidades que são e continuarão necessárias, por outro lado, por não valer a pena o investimento econômico na eletronização de alguns trabalhos manuais, eles ainda serão mantidos, aumentando o abismo social.

Quanto mais rotineira e de repetição for a função, mais ela tenderá a desaparecer. Se na Industrialização o índice de desemprego beirou os 5%, a previsão é que, na "era dos robôs", chegue a 20%. Nesse sentido, a premissa "trabalhar menos para que todos trabalhem", já desenvolvida em algumas empresas, será um caminho possível. A pandemia que vivemos recentemente já nos trouxe ao cenário essa medida: redução de carga horária e de salários para a contenção do desemprego.

Como a sociedade será protegida se não tivermos políticas de Estado, políticas públicas e não de governo que possam, de fato, orientar, e não se omitir e escancarar a desigualdade com proposições e encaminhamentos de possíveis perspectivas? Os robôs, que antes liam e faziam cálculos, agora enxergam, ouvem e falam.

Durante a pandemia houve uma subida de 200% da interação das pessoas com robôs, uma demanda de novas habilidades humanas está surgindo.

E a educação? E os professores? Estamos preparados e preparando nossos alunos para essa nova revolução? São situações de alta complexidade, verdadeiros dilemas sociais.

O momento exige a formação de novos líderes, novos gestores "da" e "na" escola. Os professores seguem com seus direitos, deveres e dúvidas e precisamos nos apropriar desse território, como curriculistas[26] preocupados com sua formação para que, assim, possamos tomar as decisões que se fizerem imediatas e inevitáveis. Não teremos a unanimidade ao nosso lado, mas precisamos enfrentar juntos as angústias do poder decisório que nos cabe.

> Num mundo assim, a última coisa que um professor precisa dar aos seus alunos é informação. Eles já têm muita informação. Em vez disso, as pessoas precisam de capacidade para extrair um sentido da informação, perceber a diferença entre o que é importante e o que não é, e acima de tudo combinar os muitos fragmentos de informação num amplo quadro do mundo. (HARARI, 2020, p.322)

Harari (2020) segue nos chamando a atenção sobre o ideal da educação liberal ocidental durante séculos: professores despejando dados enquanto incentivam os alunos a "pensar por si mesmos". Ainda dentro do paradigma da instrução, mesmo que disfarçado, supõe-se que quanto mais dados os estudantes tiverem, mais formarão a sua imagem do mundo.

Assim, os jovens estudantes seguem com um mínimo de liberdade, mas sem serem protagonistas dessa grande narrativa. Acreditam que o futuro será construído em um tempo distante, porém o nosso tempo se esgotou e as decisões que tomarmos nas próximas poucas décadas vão desenhar o próprio futuro da vida.

Temos que sair da redoma, da zona de conforto para que possamos desenvolver uma geração com uma visão abrangente do cosmos, o futuro da vida será decidido aleatoriamente.

> De maneira geral, pode-se concluir que, apesar de os profissionais de educação em geral concordarem que o modelo de ensino ideal para a educação básica é o presencial, uma escola que tenha uma equipe qualificada e uma estrutura tecnológica de ponta é capaz de manter a qualidade de suas aulas, avaliações e projetos, mesmo diante de uma situação de emergência de saúde pública. Assim, faz-se urgente mais do que nunca o investimento em formação docente, a democratização das ferramentas tecnológicas de ensino e o acesso à internet para todas as escolas do país. (SOARES *et al.*, 2022, p.20)

---

26 Curriculistas: Profissionais especializados na questão do Currículo.

A pandemia provocou mudanças significativas às pessoas e às instituições. Ser docente em tempos de pandemia apresentou-se como uma oportunidade de nos reinventarmos. Um vírus, invisível ao olho humano, trouxe, com rapidez, a resiliência necessária para que pudéssemos nos reinventar, sem pretextos para continuar no caminho conhecido e sabido por cada um de nós. Aprendemos a nos cuidar melhor, a ouvir o outro, a termos amorosidade com cada um do grupo, a trazermos o conhecimento e dele nos apropriarmos, a trazermos a estética das palavras, dos textos, da arte, da mão estendida, da firmeza edificante e do fortalecimento de nós mesmos.

6.3 Reflexão crítica: paradigma da comunicação

É necessária e urgente a mudança de *mindset* (pensamentos e crenças) da escola de hoje, há "barulhos" produtivos e "silêncios" embrutecedores.

A PESSOA humana é por demais ágil, dinâmica e multifacetada para poder sempre aprender de uma mesma forma.

Roubamos as falas dos nossos alunos, roubamos as falas dos nossos professores. A Figura 10 mostra alunos com olhares atentos, mas que demonstram rigidez. Sentados um atrás do outro, olham para a frente sem movimento ou voz. Um deles olha para o lado, parecendo ser uma janela, olhar distante em busca de outro foco.

Figura 10 – *Sala de aula russa*, de Norman Rockwell (1967

Fonte: Disponível em: https://deniseludwig.blogspot.com/. Acesso em: 05 abr. 2022

A aprendizagem é transformadora e impulsiona a novas ações, modifico meu pensamento, altero a minha ação e jamais serei o mesmo. O poder da aprendizagem é transformador e emancipatório.

> Ensinar é possibilitar que o outro aprenda. Esse ensino requer pessoas que, para construírem seu próprio pensamento, sua aprendizagem, tenham como ferramenta dessa construção experiências vividas, posturas abertas ante o novo, a disponibilidade para a mudança, conhecimentos significativos construídos e a humildade para reconhecer e enfrentar os erros. Erros encontrados durante a construção do conhecimento. (NOFFS, 2003, p.77-78)

Aprender e ensinar são verbos que deveriam andar juntos, mas nem sempre isso acontece, muitas vezes o professor parte do princípio de que, porque ensinou, o seu aluno aprendeu, mas não é fato, é desejo.

Juan Ignácio Pozo (2008) traz conceitos e reflexões importantes para o percurso da relação entre professor e aluno, ensinante e aprendente.

A aprendizagem pode ser instintiva, inata, fazendo parte da nossa capacidade de nos adaptarmos ao meio, ela acontece, nesse sentido, sem a consciência do que se aprendeu. Assim, a aprendizagem, numa percepção cognitivista, ocorre quando o sujeito organiza as informações recebidas, percebe e as direciona e consegue fazer a transposição dos conhecimentos adquiridos de uma situação para outra de forma explícita com base na tomada de consciência e não implícita, como na aprendizagem inata.

As atividades socialmente organizadas estão mediadas por instrução, partem de atividades programadas e muitas vezes incidem em dificuldades explícitas de aprendizagem. Aprender, então, é modificar-se e usar o que se aprendeu em outras situações. Para melhor aprender é preciso desaprender, já que aprender implica mudar conhecimentos e comportamentos anteriores. A boa aprendizagem deve produzir mudanças duradouras.

As dificuldades surgem por meio da incompatibilidade dos conhecimentos prévios na aquisição dos novos conceitos apresentados, é preciso reconstruir os conhecimentos implícitos para mudá-los. A aprendizagem por associação é diferente da aprendizagem por construção, as vantagens da aprendizagem construtiva é que ela é mais estável e duradoura.

A avaliação, desta forma, é fundamental para medir a mudança no processo e definir os próximos pontos de partida. É necessário avaliar não só o grau em que se produziram as mudanças e a natureza delas como também a sua generalidade ou possível transferência para novas situações.

A análise das situações de aprendizagem deve ser iniciada nos resultados e nos processos para planejar as condições práticas de realização e as intervenções devem ser cuidadosamente planejadas.

Na complexa sociedade da aprendizagem, necessitamos de habilidades e conhecimentos aplicáveis a novos contextos, desenvolvendo a autonomia do aprender a lidar com novas situações. A boa aprendizagem é aquela possível de ser aplicada em situações adversas e imprevisíveis.

A aprendizagem rotineira relaciona-se à situação específica e dificulta a transferência para uma nova situação, parte de exercícios e processos repetitivos, que é uma condição necessária, mas não suficiente para aprendizagem significativa e reflexiva.

O professor é o facilitador da aprendizagem, mas o sujeito dela é o aluno. Uma boa aprendizagem requer uma prática bem-organizada, que pressupõe um planejamento e a definição da intencionalidade das ações planejadas.

O que identifica aprendizagem é a qualidade da sua experiência e não a quantidade de fatos experimentados, o mais importante, ao organizar uma prática, é adequá-la aos objetivos da aprendizagem. A aprendizagem explícita construtiva para reflexão leva em conta a compreensão do que fazemos e o porquê fazemos.

Nem todas as atividades de aprendizagem são igualmente eficazes para se conseguir qualquer tipo de resultado.

Os recursos didáticos não são bons ou maus, mas sim tornam-se adequados de acordo com o objetivo que se pretende fazer. "Mais do mesmo" não gerará resultado e sim uma aprendizagem monótona, é importante que se tenha diferentes metodologias de acordo com o que se quer alcançar. Aprendemos à medida que compreendemos como operamos e quais são as nossas limitações.

Para desenvolver um aprendiz ativo e construtivo, orientado para a busca do significado daquilo que faz, desfaz e pensa, ou seja, à frente do processo de aprendizagem de maneira reflexiva e ativa, que tipo de professor se pressupõe?

Não deveria a formação desse professor passar pelos mesmos processos de aprendizagem significativa? Na Figura 11 é possível acompanhar um processo de formação autônomo. A professora em um espaço do ambiente escolar estuda, reflete e compartilha em suas redes sociais a descoberta do seu aprendizado. Uma educadora ativa que constrói e busca conhecimento encontrando a aprendizagem significativa.

Figura 11 - Cadernos de estudo

Fonte: Foto do caderno da Professora Gisele Nogueira - publicada nas redes sociais

Como já mencionado, na palavra transformação mora a palavra formação, sem possibilidade de estudo, reflexão, experimentação, troca, desenvolvimento, não há transformação. A cultura do professor deve também ser considerada, ou seja, como ele olha para o mundo, como o enxerga, que experiências teve. A formação não pode desconsiderar a nutrição estética (apontada nesta dissertação como categoria de análise chamada de sensibilização) e o percurso do adulto professor.

O mundo está mudando a passos largos e ritmo acelerado, e assim também vem sendo a educação. Hoje, o grande foco em educar deveria estar no ensino do pensamento crítico, da boa comunicação, da problematização. Colaborando na elucidação conceitual: pro-blema é palavra-conceito grega, significa literalmente "arremessar-para-a-frente" (*pro-bálo*). Percebe-se que a palavra-conceito coincide com a do mundo latino: pro-jeto, que do mesmo modo significa, literalmente, "arremessar-para-a-frente" (*pro-jacio, jactum, jacere*).

Em decorrência, quando temos um problema, temos um projeto; do contrário, quando não identificamos um problema, não temos como elaborar um projeto. Um problema não consiste apenas na negatividade do presente (a falta de algo, a negação de um direito atual); consiste também na negatividade do futuro (a impossibilidade de realizar uma potencialidade – que é parte dos direitos! – ação e criatividade).

Como lidamos com problemas na educação? Como projetos ou como barreiras?

A alegoria de Platão, em *O Mito da Caverna*, obra escrita entre 380 a.C. e 370 a.C. traz três elementos que metaforicamente revelam a dor e a alegria da libertação da ignorância para o conhecimento: **sombra, fogo e luz.** O mito descreve humanos prisioneiros que viam apenas sombras distorcidas da realidade. Os homens que ali estavam eram presos a uma escravidão inconsciente, viam sombras produzidas pelo fogo aceso da fogueira, mas a luz do Sol só era possível ser vista por quem saísse da caverna. Se não há contraste, não há consciência, o atrito gera dor, mas amplia o olhar. Os bons sábios veem as coisas iluminadas pelo Sol e só assim a sabedoria os torna melhores e mais úteis.

O professor muitas vezes vive como no mito, enxerga o que lhe é permitido ver, por uma luz não natural e a sombra revelada projeta a realidade, mas não é ela de fato. Trazer a luz, encorajá-lo a buscar a abertura da caverna e gestar esse novo processo de conhecimento e desenvolvimento é um caminho que deve ser trilhado pela e com a gestão.

O processo reflexivo não acontece com hora marcada, na ação – reflexão e reflexão na ação que ele é constituído. Segundo Freire (1996, p.25), "A teoria sem a prática vira 'verbalismo', assim como a prática sem teoria, vira ativismo. No entanto, quando se une a prática com a teoria tem-se a práxis, a ação criadora e modificadora da realidade."

O paradigma tradicional da instrução, ainda desenvolvido em muitas instituições educativas, não consegue contemplar as questões atuais de formação de um sujeito ativo e potente que não dá conta de que estamos vivendo uma mudança cultural na sociedade, consequência das novas maneiras de comunicação entre as pessoas.

A fragmentação curricular é sustentada nesse paradigma e o currículo é burocrático, homogeneizado e o ensino é diretivo. No paradigma da comunicação, encontra-se a possibilidade convergente da articulação curricular, sem justaposição das disciplinas e sim a interdisciplinaridade delas, entendidas como unidades curriculares que integram os saberes. A escola, nesse sentido, precisa adquirir um novo tipo de legitimidade cultural e social, apoiando o professor em seu processo de sua formação para que ele, o professor, qualifique a aprendizagem do aluno.

Ser professor[27] se tornou uma tarefa tão desafiadora para os que resistem às constantes mudanças quanto empolgante para os que defendem a urgência de adequar a educação às demandas do século XXI. O próprio significado da palavra professor já não faz mais completo sentido no contexto da Educação para o século XXI, sendo mais adequado incorporar o sentido dado ao termo educador, com origem no latim *educator* – quem alimenta, orienta, prepara, e que também carrega na sua formação o verbo *ducare*, cujo significado é 'conduzir para fora'.

6.4 O diálogo entre a gestão e a formação

A aproximação e o acompanhamento do gestor dos aspectos pedagógicos fundantes da proposta pedagógica assumida exigem, acima de tudo, um ajuste no foco dos atores, protagonistas da ação de educar: professores e alunos, sujeitos dessa ação. Portanto, é necessário conhecer

---

27 O latim *professore* significa aquele que professa, que declara, que manifesta algum saber. Já o aluno procede do verbo latino *alere*, referente a alimentar, nutrir, sustentar; ele é um 'afilhado' do professor... nas escolas que vêm transformando modelos pedagógicos seculares.

os seus saberes, os seus desejos, os seus incômodos, os seus medos e os seus sonhos, sem perder de vista o currículo vivido na prática do cotidiano da escola.

O Sujeito protagonista de sua ação questiona e reflete sobre características importantes para a construção de um Currículo Crítico. Quem sou? De onde vim? Qual a minha formação? O que faço? Qual o meu projeto? Do que mais gosto?

Partir do que sabemos, respeitar o que já foi construído ou entendido e o que irá se constituir como saber sabido. Por meio do diálogo[28] criamos vínculos. Formação é um processo relacional e contextual: nos educamos uns com os outros, num processo de apropriação, mediação e transformação do conhecimento.

Valorizar a experiência docente como forma de conhecimento é um caminho para a articulação entre os saberes da experiência e conhecimento.

O gestor é um articulador da problematização dos processos de formação, das relações pedagógicas, educativas e institucionais, analisando os cenários políticos e sociais e proporcionando um ambiente de aprendizagem aos envolvidos no processo de ensino e aprendizagem. As suas escolhas, a sua escuta, a sua condução reflexiva fará a equipe se desenvolver de forma a construir a autonomia. O erro nessa concepção fará parte do processo da busca pelo acerto, da experimentação qualificada pelo melhor caminho de aprendizagem. Aqui não se fala do erro da omissão e da irresponsabilidade, mas daquele que se faz necessário ao trilhar o caminho em busca do acerto.

O diálogo entre a gestão e a formação pressupõe uma articulação da comunidade educativa, do professor e da gestão pedagógica, considerando o contexto político-sociocultural. Apresentamos o Quadro 5, a fim de facilitar a compreensão desse gesto:

---

28 Diálogo - definição freireana emprestando as palavras de Guimarães Rosa: "Mas o senhor é homem sobrevindo, sensato, fiel como papel o senhor me ouve, pensa e repensa, e rediz, então me ajuda..."

Quadro 5 – Gestão pedagógica e a articulação da formação

Comunidade Educativa	Professor	Contexto Sociocultural	Gestor
- Educação como espaço de construção e de convivência. - Formação junto com a produção da escola em construção, por meio de ações coletivas. - Ressignificação do tempo e espaço escolar como um ambiente formador de identidades dos sujeitos que nela vivem: é um lugar de direitos. Ocupação territorial dos saberes, trazer a comunidade para dentro da escola, entendendo o seu processo de ensino e aprendizagem.	- Sujeito capaz de refletir sobre sua prática. - Toma consciência das teorias que a baseiam à transformação da própria prática, considerando o tempo e espaço em que se está inserido e a sua educação permanente. - Profissional dos profissionais, imprescindível para a formação cidadã. - Profissional das interações humanas. - Intelectual orgânico que se faz na prática. - Cuida da aprendizagem do aluno tendo como premissa a autonomia discente e docente.	- Importância das políticas públicas para a transformação da educação. Não basta teorias nem práticas isoladas, é preciso projetos político-sociais. - Considerar as novas exigências da sociedade contemporânea para a mudança entendida como aprimoramento da condição humana (melhor convivência, luta permanente contra estruturas desumanizantes...). - Focar em resultados e não em processos que levam ao resultado é um equívoco do modelo positivista da ciência trazido para a educação. - Desenvolver "sujeitos históricos" com pensamento autônomo, que sejam fiéis aos seus sonhos, respeitem a pluralidade e diversidade e intervenham de forma científica e crítica nos destinos da sociedade.	- Articulação entre o pensar e o agir e entre teoria e prática: Ação- Reflexão - Ação, o ensino por meio da construção, desconstrução e reconstrução da identidade do professor. - Trabalho com as relações interpessoais, pedagógicas e institucionais. - Desenvolver o professor pesquisador. - Acolhimento dos professores e seus processos formativos/ de desenvolvimento para além do profissional. Promoção da mudança para o desenho de possibilidades de um mundo melhor. - Mudança entendida aqui como aprimoramento da condição humana. - As pessoas não nascem educadores se tornam educadores, a partir dos seus saberes e dos saberes dos outros.

Fonte: Elaborado pela autora a partir de apontamentos das aulas da Profª Drª Neide de Aquino Noffs e das aulas da Profª Drª Marina Graziela Feldmann no curso de Mestrado - PUC-SP de 2020 a 2021

A formação do professor deve estar relacionada à formação do ser humano em seu espaço de ação, respeitando o seu contexto.

O itinerário desenhado para a formação deve constituir momentos de reflexão, debates e estudos, para que cada um se torne sujeito de sua própria prática e de seu próprio processo de conhecimento. Esse processo acontece **de dentro** para fora, de baixo para cima, constitui-se coletivamente e pelo compartilhamento por meio de grupos de formação. Trata-se de um processo contínuo e permanente, com ênfase no FORMAR-SE reflexivamente, não só consumindo informações e reproduzindo saberes, mas criando conhecimento.

Coloca-se como desafio da formação a vinculação entre teoria e prática, pois é necessário trazer para a prática a possibilidade de uma ação dialógica e emancipadora do mundo e das pessoas, superando a dimensão meramente técnica.

O fenômeno da educação é uma tarefa inconclusa e demanda uma equipe gestora comprometida com a mudança educativa.

Rosaura Soligo, em palestra[29] na cidade de Santos, em 21/7/2021, traz alguns conceitos importantes para qualificar esse diálogo entre gestão e formação. Primeiramente, responsabiliza a gestão pela garantia de que a escola seja um lugar de aprendizagem para todos e de criação de possíveis caminhos com base na realidade de cada um. O diretor/gestor deve responsabilizar-se pela gestão institucional da escola, favorecendo que a coordenação pedagógica e a orientação educacional aconteçam com qualidade considerando seus propósitos principais, criando progressivamente um projeto educativo explícito e compartilhado.

Criar as condições para que os professores planejem o trabalho pedagógico em colaboração e tomem decisões partilhadas em um movimento de experimentação e avaliação constante, com oportunidades de formação continuada também fortalece a equipe em um mesmo sentido educativo, entre outras ações citadas.

---

29 Título da Palestra: Gestão da escola e educação de qualidade para todos; Tema: gestão da escola e o seu papel.

7 Itinerário formativo

A descrição que segue neste capítulo refere-se a um processo formativo de professores especialistas do Ensino Fundamental (anos finais) e do Ensino Médio – por meio de seu percurso em 2019, 2020 e 2021, caracterizando o itinerário formativo. Foram elencadas as principais atividades do percurso formativo oferecido.

7.1 Descrição de um processo formativo

O Colégio Rio Branco (CRB), conforme descrito em seu Plano Escolar, tem, na sua origem e razão de ser, uma concepção humanista de educação que se explicita na sua missão: "Servir com excelência, por meio da educação, formando cidadãos éticos, solidários e competentes" (PE, 2022, p.5). Pressupõe-se que todo pensamento e ação humanos devem estar voltados para o desenvolvimento, bem-estar e dignidade da humanidade, independentemente de ideais e valores religiosos, ideológicos ou nacionais.

A **concepção de Educação** do Colégio é a de um ser humano racional, autônomo, dotado de livre arbítrio, consciência moral e criativa, que deve descobrir e desenvolver suas potencialidades como indivíduo.

Reafirma como imprescindível a interação entre os diferentes protagonistas do processo de formação de crianças e jovens para que os interesses e possibilidades do educando, as concepções da família e a proposta da instituição sejam convergentes e possibilitem o pleno desenvolvimento do indivíduo.

O Colégio propõe, por meio de seu currículo, a **formação do pensamento global e sistêmico** do aluno, favorecendo sua autonomia, inserção social e a resolução de problemas complexos pertinentes à realidade (PE, 2022, p.8).

Bender (2015) destaca a importância da criação de projetos com os alunos para que estes possam desenvolver as habilidades colaborativas, trabalhar em equipe, resolver problemas e ter um produto final que seja pensado levando em conta a dimensão social. Elaborar o pensamento sistêmico também se ancora nas dimensões exploradas por Delors (1998): aprender a conhecer, aprender a fazer, aprender a ser e aprender a conviver.

Diferenciando "novidade" de "inovação" e com processos que envolvem o desenvolvimento profissional de suas equipes, a manutenção de propósito e de adequada infraestrutura, o CRB apresenta propostas curriculares inovadoras e que permitam transformar o cotidiano escolar em momentos cada vez mais ricos e interessantes, ampliando o engajamento do aluno com seu processo de aprendizagem.

A gestão do processo de inovação se dá de maneira colaborativa, por meio de grupos de trabalho (GTs), tendo por base o conceito de complementaridade de saberes. Nesse sentido, são utilizados Eixos de Aprimoramento Pedagógico como referenciais metodológicos estabelecidos pela instituição, para serem aplicados em respectivas faixas etárias. Coerência, constância, referencial teórico, parâmetros de implementação, avaliação e formação docente constituem os pressupostos de trabalho com esses eixos.

A análise do Itinerário formativo do professor se estabelece com base na concepção de educação proposta em seu Plano Escolar (projeto político pedagógico – PPP) e na fundamentação já trazida em capítulos anteriores nesta dissertação, que revelam a escolha e defesa de um currículo crítico, um paradigma comunicativo da educação, um professor que ensina e aprende, interlocutor das aprendizagens, um aluno que participa do processo ativamente e da construção de um contexto crítico reflexivo e transformador. Assim é que a análise do Itinerário formativo do professor se estabelece.

O percurso do Itinerário de formação dos professores nos três anos analisados, na instituição pesquisada, compõe-se de ações e atividades presenciais que foram suspensas em função da pandemia do Covid- Sars 19 e adaptadas para o ambiente virtual.

A Figura 12 apresenta o protocolo combinado no início da reunião remota. Começamos o ano de 2019 de maneira presencial e a partir de março de 2020, em função da obrigatoriedade do isolamento social, deslocamos todas as atividades para o modelo remoto. O modelo remoto de planejamento e de formação de professores trouxe a otimização do tempo e a qualidade da integração dos profissionais das duas unidades, pois, sem a necessidade do deslocamento e com a possibilidade de trabalhar juntos, as atividades passaram a ser integradas.

Figura 12 - Protocolo usado nas reuniões remotas

- Para a melhor conexão desative o seu vídeo e o seu áudio. É importante que somente a tela do apresentador e do intérprete estejam visíveis.
- Prefira fazer a reunião com fones de ouvido e ative o microfone quando quiser falar.

As perguntes deverão ser feitas pelo chat.

Fonte: Arquivo do Colégio Rio Branco

Em 2021 tivemos o retorno de alguns colaboradores e alunos, seguindo o escalonamento e os protocolos de segurança de saúde (Figura 13). Aqueles que estavam no grupo de risco ou que tinham outras justificativas médicas continuaram a trabalhar e a participar de atividades a distância.

Figura 13 - Protocolo de segurança - retorno presencial

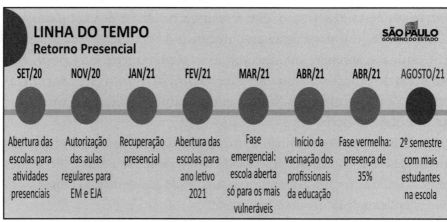

Fonte: Disponível em: https://images.app.goo.gl/r654TUo8fgLigqr68. Acesso em 3/4/22. Acesso em: 04 abr. 2022.

Em 2022 continuamos a fazer as reuniões e formação com as pautas integradas, de forma remota, agilizando o trabalho e permitindo a conexão e conectividade com os grupos. Os encontros somente são presenciais quando é com a equipe da unidade e avalia-se importante o contato físico com as pessoas envolvidas.

O itinerário formativo analisado constitui-se do seguinte fluxo: grupos de trabalho, reuniões de coordenação, reuniões noturnas, compartilhamento de práticas, site pedagógico, *classroom* com troca de experiências, observações de aulas com feedbacks aos professores, encontros de início do ano em que as premissas institucionais são definidas e compartilhadas, além dos livros dos professores revelando práticas exitosas.

GT – Há reuniões semanais de **grupos de trabalho** com os componentes dos grupos que podem ser diretores, coordenadores pedagógicos e de projetos e outros. Há momentos de discussão, estudo, planejamento, ideação de práticas, avaliação do processo de desenvolvimento e execução e plano de ação de formação, desenvolvimento e aplicação por meio de propostas de inovação elaboradas no momento do grupo e continuadas pelos professores nas reuniões de planejamento e formação.

As reuniões são quase sempre semanais, dependendo do foco de trabalho. Dois desses grupos são coordenados pela diretora da Unidade Granja Viana. O grupo de trabalho foi constituído em outubro de 2018 para que a implementação dessa proposta acontecesse no ano seguinte. Partimos das seguintes perguntas condutoras: Onde estamos? Ponto de partida. Para onde vamos? Como faremos? Em 2021 assumiu, também, a coordenação do grupo de trabalho de internacionalização, concretizando o Programa Internacional Rio Branco em 2022.

A implementação do Projeto de Inovação Curricular com o ciclo 4 como síntese do trabalho ao final do ano impulsionou as ações de formação dos anos seguintes: 2020, 2021, 2022, pois exercer as atividades nesse ciclo pressupõe uma relação dialógica com a aprendizagem, rompendo com o paradigma da instrução e trazendo as articulações e conceitos do paradigma da comunicação. O Ciclo 4 é um ciclo de 4 a 5 semanas ao final do ano letivo que tem o objetivo de favorecer a personalização da aprendizagem, as necessidades e os interesses dos alunos, baseando-se no aproveitamento e conhecimentos desenvolvidos nos ciclos do ano (C1, C2, C3).

Com base nas médias dos Ciclos Fundamentais, os alunos terão a oportunidade de realizar atividades diferenciadas, seguindo os critérios: Se a média dos Ciclos iniciais for maior ou igual a 6,0, o aluno realizará atividades de aprimoramento e se a média dos Ciclos Fundamentais for menor que 6,0, realizará atividades de consolidação.

Ao longo do Ciclo 4, o aluno tem a oportunidade de resgatar e de estruturar os conhecimentos sobre os conteúdos essenciais trabalhados ao longo do ano, favorecendo, assim, a aprendizagem necessária para cursar a série seguinte. De acordo com o seu aproveitamento global e rotina semanal tem a oportunidade de desenvolver projetos e de se preparar para uma eventual recuperação final.

A Consolidação é composta pelo conjunto de atividades diversificadas a serem realizadas pelos alunos com a utilização de recursos para sistematização dos conteúdos.

Ao longo do Ciclo 4, o aluno tem a oportunidade de desenvolver projetos interdisciplinares para aprimorar e expandir os conhecimentos sobre os conceitos trabalhados nos diferentes componentes curriculares, que, por sua vez, são frutos dos processos desenvolvidos no ano letivo. O aprimoramento possibilitará ao aluno a ampliação das escolhas (temas, papéis dos alunos, produto final e forma de comunicação dos projetos) e desenvolvimento da autonomia.

Os projetos são apresentados no Encontro Cultural. Todos os alunos têm a oportunidade de participação em projetos, a intensidade dependerá do seu percurso entre atividades de consolidação e de aprimoramento.

A construção teórica do projeto para o C4 baseou-se principalmente nos livros "Aprendizagem baseada em projetos", de William N. Bender (2014), e Autonomia e flexibilidade curricular: propostas e estratégias de ação, de Ariana Cosme (2018), tendo como objetivos aprimorar aprendizagens e ampliar e aplicar conhecimentos por meio da pedagogia de projetos e da resolução de problemas. A experiência faz parte do projeto pedagógico do colégio e está alinhada ao desenvolvimento de competências expressas na Base Nacional Comum Curricular (BNCC)

(BRASIL, 2018) e aos valores e concepções expressas no Programa de Escolas Associadas à Organização das Nações Unidas para a Educação, a Ciência e a Cultura (UNESCO, 2020). Os princípios que fundamentam a proposta do C4 são o trabalho em equipe e o uso de projetos, utilizando postura investigativa, com aprendizagem voltada para a coordenação de diferentes pontos de vista na resolução de problemas e a utilização de habilidades para estabelecer conexão entre os conhecimentos e a relação autêntica com temas da atualidade. (SOARES *et al.*, 2022, p.4)

As necessidades mapeadas com os professores em período de avaliação do processo apontaram alguns temas para investimento nas atividades de formação. Entre eles: ensino híbrido, projetos para solução de problemas, atividades roteirizadas, trabalho em equipe, construção de rubricas, protocolos de perguntas, autoavaliação, interdisciplinaridade.

Reunião de Coordenação: reuniões semanais com a equipe de coordenadores pedagógicos e de área. O desenvolvimento dos coordenadores de área e fortalecimento dos seus papéis vem crescendo nos últimos anos como plano de desenvolvimento da gestão, afinal, eles fazem parte desse processo de formação, ora como pares avançados, ora como apoio no processo. Os aspectos procedimentais e organizacionais das aulas, a organização pedagógica do cotidiano escolar[30], os apontamentos de estudos, discussão de pautas de trabalho, formas de acompanhamento dos professores e das aulas entre outros assuntos são desenvolvidos aqui.

Noturnas: reuniões pedagógicas elaboradas pelas coordenações pedagógica e de áreas, a organização das pautas de trabalho e as metodologias a serem utilizadas são discutidas pelos grupos de trabalho e nas reuniões com a gestão e coordenação.

Acontecem semanalmente com 1 hora e 40 minutos de duração com a equipe de professores. O modelo remoto, como já mencionado, proporcionou a integração das áreas e do corpo docente das duas unidades.

Essas reuniões trazem as seguintes etapas: foco da reunião, sensibilização, reflexão, caminho utilizado e em alguns momentos há a tarefa.

---

30 O cotidiano escolar é um espaço complexo de interações, com demarcação de identidades e estilos, sendo assim, esses sujeitos tendem a transformar os espaços físicos em espaços sociais e culturais.

Essa estrutura de pauta foi desenhada e colocada em prática a partir de 2020. Houve a discussão sobre a importância do protocolo em função da intencionalidade da reunião e da clareza nos registros, assim como a construção de um histórico de trabalho, podendo haver retomadas futuras e acompanhamento pela gestão pedagógica. Esse modelo de protocolo não é exclusivo do Rio Branco e surge com base na fundamentação teórica de Madalena Freire *et al.* (1996, p.3) sobre a Pedagogia do Olhar. Os autores trazem reflexões importantes e sensíveis a respeito da construção da aula. Esse olhar nos inspirou na construção das pautas estruturantes dos encontros de formação.

É necessário direcionar o olhar para um foco, pois o olhar sem pauta se dispersa, o olhar pesquisador, diz ela, tem planejamento prévio da hipótese que vai perseguir durante a aula. Além do foco, é necessário que haja um ponto de observação e um ponto de reflexão. Um exercício de concentração do olhar e do pensamento que, diante da referência dada, o educador pensa e reflete sobre os conceitos do que é ensinar, possibilitando a transposição didática dos conceitos.

Há no itinerário formativo, foco desta pesquisa, construído pelo gestor em parceria com os demais profissionais, ambientes virtuais de estudo e compartilhamento de uso de ferramentas digitais nas práticas dos professores.

As reuniões noturnas de planejamento e formação têm protocolo de pauta (Anexo A ilustra o modelo), com etapas predefinidas:

1- Foco da reunião - "o que queremos com este encontro": essência que norteará o encaminhamento.

2- Reflexão - pode ser em forma de pergunta ou afirmação de autoria de quem organiza ou de um autor de referência - embasa o processo reflexivo do encontro, pode ser respondida ao final ou servir de mobilização de saberes futuros, contextualiza o caminhar do grupo.

3- Caminho - estratégias/metodologia utilizada(s) para o desenvolvimento do encontro.

4- Sensibilização - nutrição estética, o que rompe com o cotidiano, o que mobiliza os sentimentos do grupo para a tarefa, visão do professor como sujeito cultural.

5- Tarefa - da própria reunião ou alguma pendência, leitura ou conexão para o próximo encontro.

6- Registro do encontro - interessante estabelecer e, se possível, rodiziar quem faz o registro da reunião - sugere-se que no próximo encontro se inicie com a leitura dele, fazendo as conexões para a memória das ações do grupo e trabalho.

7- Encerramento - fechar retomando se os objetivos foram atendidos e dando encaminhamentos para as próximas reuniões. Procurar utilizar algum recurso de registro do pensamento dos participantes, deixando-o visível e consciente. Um dos elementos de análise são as pautas das reuniões e as etapas propostas neste protocolo.

Compartilhamento de Práticas - As últimas reuniões do semestre são espaço de compartilhamento de práticas; a organização desses compartilhamentos ora é por segmento, ora se dá verticalmente da Educação Infantil ao Ensino Médio.

Em 2020, pelo contexto da pandemia, como ação de rompimento da rotina, as reuniões de compartilhamento tiveram um caráter de Show, com apresentadores, participação de alunos e abertura com convidados de fora: "**Compartilha Show**" (Figura 14). Para compartilhar uma prática, o professor pode se inscrever ou ser convidado, a prática deve ser convergente com os princípios pedagógicos desenvolvidos na formação, são relatos de práticas, ilustrados por vídeos, fotos e produções da aula ou projeto compartilhados.

Figura 14 – Abertura do encontro de compartilhamento

Fonte: Arquivo FRSP (2021)

Site pedagógico: Em 2020, dada a experiência do Ciclo 4 e a grande produção de materiais de trabalho, iniciou-se um site chamado de *RB pedagógico* como um repositório dinâmico e organizado com as pautas dos encontros de planejamento e formação, infográficos, textos e referências bibliográficas, tutoriais de ferramentas de trabalho entre outras informações para facilitar o cotidiano do professor. Tudo o que ele procura em um lugar só. O site foi aprimorado e redesenhado logisticamente e hoje tem o seguinte formato:

- Focos de desenvolvimento;
- Reuniões Pedagógicas;
- Provas e Simulados;
- Orientação Educacional;
- Planos de Ensino;
- Ciclo 4.

Há também no site o Glossário de Inovação Pedagógica (ver QR-Code de acesso no Glossário) um documento criado pelo GT- C4, em busca da clareza conceitual com base nos estudos feitos, de alguns termos utilizados pela equipe. O material foi construído inicialmente para dar subsídio ao trabalho de aprimoramento e consolidação proposto no 4º Ciclo, mas transformou-se em documento norteador das discussões pedagógicas do ano letivo. A Figura 15 apresenta a *Home page* do site de 2011.

Figura 15 – Material produzido pela equipe pedagógica

Fonte: Arquivo do Colégio Rio Branco

Pipocando ideias: um recurso digital, *classroom*, da *google for education*, tem como objetivo o compartilhamento de ideias e tutoriais, tirar dúvidas sobre ferramentas, apps e demais recursos tecnológicos para todos os professores do colégio (Figura 16).

Figura 16 – *Classroom* Pipocando – página inicial

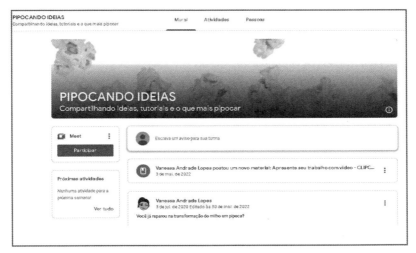

Fonte: Arquivo do Colégio Rio Branco (2020)

O nome desse espaço virtual une o conceito de pipocar com o fenômeno da transformação dos estados da matéria, com o fato de termos novas ideias surgindo, gente se transformando e mudanças acontecendo de dentro para fora. Cada um no seu tempo e com suas características, mas ninguém mais como era antes. A iniciativa começou com as necessidades dos professores, principalmente daqueles que não conseguiam participar das oficinas oferecidas no início do ano.

O ambiente permite a postagem de vídeos, tutoriais e compartilhamento do uso de ferramentas pelos colegas. Nesse ambiente, todo conteúdo é separado cuidadosamente por tópicos para facilitar a visualização e possibilitar a interação dos professores. Esse recurso foi muito explorado em 2020, no auge da pandemia, para incentivar e apoiar os professores no uso de novos recursos digitais, experimentando metodologias para o ambiente remoto e/ou híbrido (**Vem pipocar com a gente! gg.gg/pipocando**).

Observação de aulas feitas por coordenadores de área com feedbacks e foco estabelecidos previamente[31]. A equipe pedagógica preparou um documento para organizar os procedimentos de observação, com base no estabelecimento de foco para observação, pontos de feedback, e espaço para registro tanto do observador como do observado. A proposta é dividida em três eixos: Roteiro de aula; Estratégias de aula e Interação aluno-professor. Em roteiro de aula observam-se as habilidades de planejamento (Figura 17) a adequação do roteiro de aula utilizado e o repertório didático/metodológico.

Figura 17 – Habilidades de planejamento

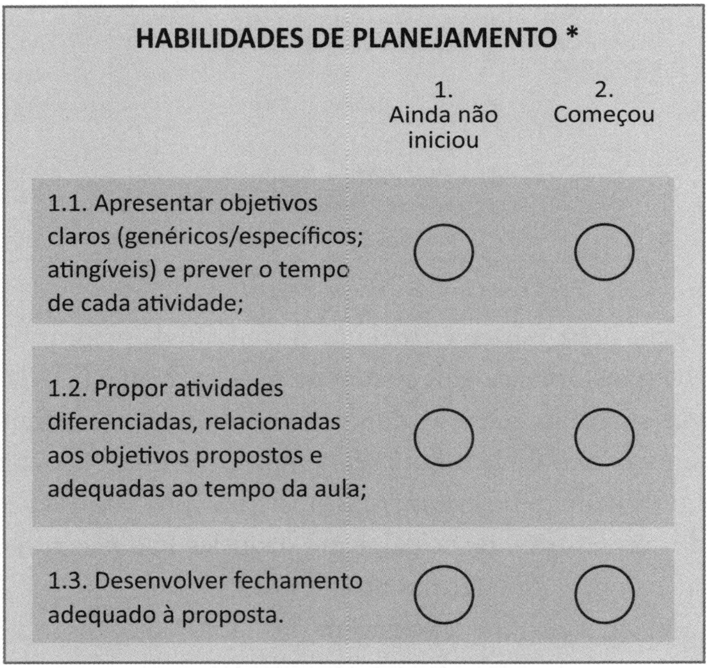

HABILIDADES DE PLANEJAMENTO *

	1. Ainda não iniciou	2. Começou
1.1. Apresentar objetivos claros (genéricos/específicos; atingíveis) e prever o tempo de cada atividade;	◯	◯
1.2. Propor atividades diferenciadas, relacionadas aos objetivos propostos e adequadas ao tempo da aula;	◯	◯
1.3. Desenvolver fechamento adequado à proposta.	◯	◯

Fonte: Arquivo do Colégio Rio Branco

Em estratégias de aula há um espaço para as observações sobre a aula e no item interações aluno-professor há a identificação das habilidades eleitas e um espaço sobre a observação em relação ao professor (Figura 18).

31 Disponível em: https://forms.gle/YWGrf8LVZ3iFFLc4A. Acesso em: 04 abr. 2022.

Figura 18 – Formulário de observação de aula – exemplo de questões

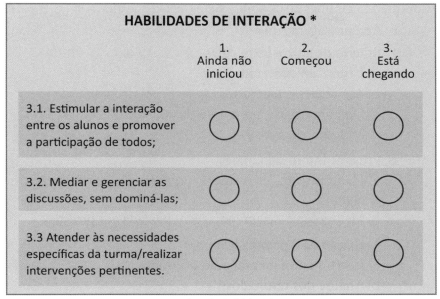

Fonte: Arquivo do Colégio Rio Branco

Encontros de Feedbacks a partir de uma autoavaliação de desempenho do professor (Figura 19), instrumento utilizado para o coordenador acompanhar os professores de sua área.

Figura 19 – Capa formulário de avaliação docente

Fonte: Arquivo do Colégio Rio Branco

A estrutura do documento que revela o processo apresenta ao professor quatros grandes eixos para a sua reflexão e avaliação:

1- Aprendizagem Ativa

1.1 Roteiro de aula e Estratégias
   a) Utilização de ferramentas;
   b) Atividades diferenciadas;
   c) Objetivos claros no roteiro da aula;
   d) Metodologias ativas.

2- Projetos Interdisciplinares
   a) Planejamento, estrutura e organização dos trabalhos em equipe;
   b) Metodologia de aprendizagem baseada em projetos.

3- Avaliação da Aprendizagem
   a) Instrumentos de avaliação utilizados;
   b) Análise dos resultados;
   c) Proposta e execução das intervenções a partir da análise de resultados.

4- Outros pontos
   a) Cumprimento de prazos;
   b) Qualidade dos documentos criados;
   c) Formação Permanente e Continuada;
   d) Relação interpessoal;
   e) Contribuição que a coordenação de área e pedagógica podem oferecer.

Encontro Riobranquino (de formação e planejamento): de 7 a 10 dias antes do início do período letivo há uma programação oferecida ao corpo docente com palestras, oficinas e encontros de planejamento. É no início do encontro que a equipe de gestão dá as diretrizes e premissas do ano a se realizar, parte-se da avaliação do ano anterior e de maneira reversa onde se quer chegar ao final do ano iniciado.

As atividades no período da manhã contam com a participação dos professores que têm o seu horário no colégio. Há a possibilidade de troca de horário para que estejam presentes em momentos cruciais para o desenvolvimento pedagógico do ano letivo. As coordenações pedagógica e de área fazem a curadoria junto com a equipe.

No período da tarde os professores têm sua participação de forma espontânea, de acordo com suas disponibilidades e necessidades, nesse momento prioriza-se atividade "mão na massa", oficinas práticas. Os profissionais que desenvolvem esse trabalho são de empresas parceiras do colégio e professores e colaboradores que têm experiência e fundamentação para o tema.

Em alguns anos o Encontro Riobranquino conta com a abertura feita em forma de palestra por profissionais renomados da área da educação. Os temas são convergentes com as premissas estabelecidas pela Diretoria Geral.

Focos de desenvolvimento: a partir de 2021 utilizou-se, após mapeamento das necessidades da equipe, a definição de três focos de desenvolvimento anuais que balizam as escolhas para o planejamento da formação. Assim, durante e ao final do processo há o desenvolvimento dos professores como subsídio para a prática. Colocar foco para transformar o desejo em ação, quem quer alcançar tudo, dispersa sua energia sem atingir os objetivos traçados.

A avaliação do percurso é feita após a implementação de projetos e novas práticas pedagógicas: grupos consultivos de professores, alunos e equipe técnica participam do processo.

As pautas de reuniões do último ciclo letivo são feitas com as equipes voltadas para os projetos. Ao final de toda reunião há um produto final que será desenvolvido com os alunos, nesse momento os professores são pares avançados na implementação de propostas, seja por estarem mais à vontade na aplicação, verem mais sentido, fazerem as conexões ou aprofundarem-se nos estudos, seja por manifestarem perfil de liderança.

O desafio é articular os diferentes projetos para que seu produto final tenha uma ação pedagógica de continuidade na comunidade local.

Livros com relato de práticas dos educadores do colégio: é uma ação que traz como força a potência do compartilhamento e do registro, duas ferramentas importantes no percurso da formação de professores.

O livro *Educando no Século XXI - Uma escola em metamorfose* foi lançado em 2018. A publicação reuniu 65 educadores do Colégio Rio Branco, que apresentam artigos com base em reflexões e práticas de sala de aula, destacando o desenvolvimento da autonomia em crianças e jovens, a importância do acolhimento, a inovação em metodologias ativas e tecnologias educacionais, o ensino investigativo, a interdisciplinaridade, a função cultural e social das línguas estrangeiras e a diversidade como um valor.

Em 2019, nasceu o livro *Educando no Século XXI: Inovar para Educar, Educar para Inovar*, que reúne artigos de 51 educadores sobre práticas inovadoras e reflexões. Os 32 artigos, orientados pelos coordenadores pedagógicos e de projetos, estão organizados nos capítulos: Inovação e Desenvolvimento; Inovação e Aprendizagem; Inovação e Interação e Inovação; Responsabilidade e Cidadania.

Em 2020 foi lançada a publicação *Implantação de inovações curriculares na escola: a sala de aula ressignificada*, apresentando 28 artigos de 49 educadores, com foco nas ações inovadoras realizadas durante o ano letivo de 2019.

7.2 Ações do Itinerário Formativo

Os Quadros 6 a 9, nas próximas páginas, descrevem algumas ações do Itinerário Formativo que merecem maior observação e organização dos dados. Importante ressaltar que o itinerário formativo também oferece a oportunidade de cursos com parcerias internacionais e nacionais com inscrições previamente aprovadas ou indicação da gestão de acordo com as necessidades dos profissionais de cada equipe.

7.2.1 Encontros de Formação de Início de Ano

Quadro 6 – Encontros de formação – 2019, 2020, 2021

Encontro Riobranquino - 2019 - de 22 a 29/01			
Focos de Desenvolvimento: não foram estabelecidos para este ano			
	Foco	Modalidade	Observações
1º dia	Premissas para ano letivo		Em 2019 os encontros seguiram no formato presencial, ano que antecedeu a pandemia. Os profissionais das duas unidades encontram-se fisicamente em uma delas, quando as pautas de trabalho são comuns.
	Julci Rocha: Metodologias Ativas, Cultura Digital Competências do século XXI; Maria Alice Proença - Prática Docente.	Palestra	
	Reuniões de área	TG*	
	Google Planilhas e Google Documentos	OT**	
2º dia	Reuniões de área	TG	
	Formação de turmas de alunos com a orientação educacional		
	Formulários	OT	
3º dia	Planejamento: *Módulos Interdisciplinares, saídas pedagógicas, Ciclo 4 e **Pré-universitário	TG OEI***	Intervalo com *Mindfulness* *Módulo Interdisciplinar: Agrupamento de determinados **COMPONENTES CURRICULARES** de um/a mesmo/a ano/série, que se rearranjam internamente de acordo com o seu respectivo número de aulas e que assumem configurações diferentes dentro de um mesmo segmento. Busca-se, assim, proporcionar JANELAS DE OPORTUNIDADES para que atividades interdisciplinares possam ser desenvolvidas. https://sites.google.com/crb.g12.br/site-pedagogico/início?authuser=0 – Glossário- último acesso em 3/4/22. **Pré-universitário- 3ª série do Ensino Médio: revisional Professores do Colégio
	Planejamento de Aula com a utilização das aplicações Google: TE		

4º dia	Granja Viana: inclusão alunos surdos	Palestra Troca de experiência	Orientadoras Educacionais desenvolvem o trabalho
5º dia	Planejamento por área Oficina Cultura Maker	TG Oficinas com equipe interna de professores e tecnologia	Intervalo com Dança Circular
6º dia	Planejamento Interdisciplinar, saídas pedagógicas. Como motivar crianças e jovens para que aprendam de verdade? Prof. José Moran Oficinas com foco em planejamento de aula ministradas por professores que participaram das formações com a Universidade de TAMK-Finlândia Aprendizagem baseada em problema Storytelling e Gamificação - Educomunicação e Aprendizagem baseada em projeto Metodologias Ativas Formação para profs de Espanhol: Recursos digitais - Buena Gente Habilidades socioemocionais e seus desdobramentos	TG Palestra OEI	Orientadoras Educacionais desenvolvem o trabalho

Encontro Ribranquino – 2020 – de 20 a 28/1		
Focos de Desenvolvimento: não foram estabelecidos para este ano		
Foco	**Modalidade**	**Observações**
1º dia O que um professor riobranquino deve conhecer? PPP, BNCC, Glossário, Informativo escolar, Temas Unesco e ODS's, Procedimentos pedagógicos e disciplinares, Ferramentas Google DOCUMENTOS DISPONÍVEIS EM: http://gg.gg/documentosrb2020 Leitura: Glossário http:/gg.gg/glossariocrb Oficina 1: Metodologias Ativas	TG OEI	Em 2020 os encontros, nesse período, seguiram no formato presencial, ano da explosão da pandemia, porém como este evento acontece em janeiro e o isolamento social foi decretado a partir de março, o trabalho não aconteceu de maneira remota. Os profissionais das duas unidades encontram-se fisicamente em uma delas, quando as pautas de trabalho são comuns.
2º dia A mediação como elemento estruturante da aprendizagem Profª Maria Otilia Ninin Retomada da leitura e considerações sobre o glossário. Como os conceitos que compõem o glossário se revelam na minha prática pedagógica?; Reflexão sobre a palestra e análise a partir de sua prática e sob a perspectiva da transposição didática. Como os conceitos apresentados podem ser percebidos ou implementados em minha prática? Exercício prático: situação problema para aplicar estratégia de mediação. Como fazer uma boa pesquisa na Internet? As perguntas no processo da mediação da aprendizagem	Palestra TG Atividade "Mão na Massa" OEI	

3º dia	Premissas do ano letivo Reunião de área e planejamento anual Aprendizagem significativa com mapas conceituais Aplicativos Google	OEI Oficina com equipe externa	
4º dia	Apresentação em linhas gerais sobre as propostas do componente curricular autoral; Cotidiano em Questão Reunião de área e entre áreas e Módulos Interdisciplinares	Palestra e TG	
5º dia	Procedimentos pedagógicos: Atividade prática para revisão e validação do documento institucional Contrato pedagógico: como explicitar o desenvolvimento do trabalho e estabelecer combinados com os alunos para normatizar a convivência e auxiliar a construção de postura favorável à aprendizagem e autonomia? Organização dos ciclos: o que precisa estar claro para os alunos em sala de aula e no *classroom?* (conteúdos, objetivos, parâmetros de trabalho e avaliação, orientações de estudos) Utilização do *classroom:* como aproveitar o potencial dessa ferramenta para além de um mural informativo? Reunião de segmento (EF II, EM): Alinhamento conceitual sobre concepção de: projeto, interdisciplinaridade, trabalho em grupo, roteiros, rubricas. Como a experiência do C4 pode contribuir para o desenvolvimento e aprimoramento de atividades durante os ciclos fundamentais? Internet e a Netiqueta	Palestra e TG OEI	

	Foco	Modalidade	Observações
6º dia	Inclusão - OE Apoio à Aprendizagem Como adaptar as avaliações a fim de que atendam as necessidades dos alunos com questões específicas? Reunião de área e entre áreas e Módulos Interdisciplinares - continuidade do planejamento Pré-Universitário - uso do portal, simulados, eletivas, planejamento e análise dos vestibulares Metodologias Ativas	OEI	
7º dia	Reunião de área: finalização do planejamento e encaminhamentos para o início das aulas. Depressão e ansiedade o que anda acontecendo com os adolescentes.	Palestra com equipe interna	Orientação educacional desenvolveu o trabalho

Encontro Ribranquino - 2021 - de 20 a 29/01		
Focos de Desenvolvimento estabelecidos para este ano: Ambiente Híbrido de Ensino Desenvolvimento de Projetos Trabalho em Equipe		
Foco	**Modalidade**	**Observações**
1º dia Premissas do ano letivo. *Plataforma Dreamshaper e suas trilhas de aprendizagem.	Oficina com equipe externa.	Em 2020 os encontros seguiram no formato remoto, aos poucos houve a retomada de reuniões presenciais com todos os protocolos de segurança. Os profissionais das duas unidades encontram-se de forma remota e híbrida, pois alguns por serem do grupo de risco, não puderam estar nesse momento fisicamente presentes.

2º dia	Preparação das aulas para o ambiente híbrido. Plataforma Dreamshaper	TG Oficina com equipe externa	
3º dia	Trabalho em equipe e projetos. Discussão da proposta e elaboração de modelos. O Design Educacional pode colaborar para o desenvolvimento das aulas Gamificação de atividades.	TG OEI Oficina com equipe externa	
4º dia	Inclusão: alunos surdos e com outras necessidades especiais	Palestra Troca de experiência	
5º dia	Reunião de série e *módulo: Planejamento interdisciplinar A trilha de aprendizagem "Projeto de vida"- dreamshaper *Jamboard*	TG Oficina com equipe externa Oficina com equipe de tecnologia	
6º dia	Planejamento: área, série QFT - Question Formulation: *Como ajudar os alunos a fazer boas perguntas?*	TG OEI	
7º dia	Planejamento área, série. Perfil dos Grupos - orientação-educacional ODS e Agenda 2030: Aprofundando os Objetivos de Desenvolvimento Sustentável	TG OEI	
8º dia	Protocolos para o retorno às aulas O ambiente híbrido na prática e finalização do planejamento para o início das aulas Podcasts: Como envolver os alunos com essa poderosa ferramenta de comunicação?	Palestra OEI	

Fonte: Elaborado pela autora

Notas:

*TG – Trabalho em Grupos

**OT – Oficinas de Tecnologias

***OEI – Oficina com equipe interna

7.2.2 Reuniões de Planejamento (Noturnas)

Considerando que o Ciclo 4 do ano letivo é o Ciclo Síntese das Aprendizagens dos ciclos anteriores e devido à importância do seu desenvolvimento para a ressignificação dos papéis do professor, da aprendizagem, do aluno e do espaço educativo, escolhemos destacar as reuniões de planejamentos dedicadas ao planejamento e construção do trabalho desse ciclo. Elas são diretamente desenhadas, acompanhadas e avaliadas pelo grupo de trabalho. O planejamento foi dividido em etapas e fases. As etapas consistem em:

1- Planejamento;

2- Tempo de Trabalho;

3- Partilha e Discussão de Resultados.

As fases são construídas com a equipe de professores e consistem em operacionalizar e concluir a proposta.

A partir de 2020, após a avaliação da implementação foi inserida no desenho uma semana de aquecimento para que os alunos tivessem um alinhamento conceitual de preparo para as etapas. Nessa semana há aulas magnas com a equipe interna ou convidados externos, oficinas de iniciação científica, curadoria dos temas por meio de debates, filmes e rodas de conversa, mentoria sobre a gestão do mapa de atividades de cada aluno, formação dos grupos de trabalho, levantamento dos conhecimentos prévios sobre o tema e escolha dos projetos.

Ao final de cada ciclo 4 há uma avaliação com todos os envolvidos no trabalho (ciclo reflexivo): alunos, professores, coordenadores, orientadores, colaboradores, famílias, diretores, grupo de trabalho. E, a partir da escuta organizada com diferentes utilizando-se de diferentes estratégias e metodologias, as ações são reorganizadas e replanejadas.

Quadro 7 – Reuniões de planejamento: 2019

Ano 2019	Data dos Encontros	Operacionalização do Projeto	Materiais de referência
	Reunião 1 03/09	Organização e Ideação: Apresentação do Ciclo 4 Expansão dos eixos temáticos Produto: Mapeamento de conhecimentos prévios	Documento digital com o registro das etapas de planejamento. Documentos digitais de registro dos encontros. Formulário de Avaliação
	Reunião 2 10/09	Organização e Ideação: Aprofundamento das propostas de projetos interdisciplinares por série Produtos: Discussão e organização das propostas e início da construção de roteiros de aprendizagem Relação entre os objetivos de aprendizagem e eixos temáticos e levantamento das ideias para elaboração dos projetos. Lista de possibilidades de projetos	
	Reunião 3 17/09	Ideação Aprofundamento das propostas de projetos interdisciplinares por série Produto: Discussão e organização das propostas e início da construção de roteiros de aprendizagem	
	Reuniões 4 24/09	Refinamento/fechamento dos projetos por série Produto: Construção dos roteiros de aprendizagem	
	Reuniões 5 01/10	Fechamento dos roteiros Refinamento/fechamento dos projetos por série Produto: Construção de rubricas / roteiros	
	Reuniões 6 08/10	Apresentação roteiros e rubricas Construção de rubricas/roteiro de aprendizagem Produto: Rubricas/roteiros de aprendizagem e roteiros de consolidação	
	Reuniões 7	Plano e roteiros de consolidação Produto: Roteiros de consolidação e continuidade de roteiros e rubricas de avaliação dos projetos.	
	Reuniões 8	Roteiros semanais de consolidação e aprimoramento	

Fonte: Elaborado pela autora

Quadro 8 – Reuniões de planejamento: 2020

Ano 2020	Data dos Encontros	Operacionalização do Projeto	Materiais de referência
	Reunião 1 15/09	Introdução aos trabalhos sobre o Ciclo 4 a partir do resgate do trabalho de 2019 e ampliação do referencial teórico e próximas etapas em 2020.	Roteiro de Reunião Apresentação em slides sobre o Ciclo 4 Documento com expectativas e dúvidas dos professores Livro: *Aprendizagem Baseada em Projetos,* Ed. Penso Livro: *Planejando o trabalho em grupo,* Ed. Penso
	Reunião 2 22/09	Análise das aproximações feitas por professores e coordenadores, definição dos projetos por série e avaliação das possibilidades educativas do ponto de vista da formulação dos problemas a propor aos alunos (proposição de projetos). Competências Gerais BNCC, ODS	Roteiro da Reunião Descrição do Projetos Mapa dos projetos Interdisciplinares Vídeo PBL em 5 minutos: https://youtu.be/ RGoJIQYGpYk
	Reunião 3 29/09	Formulação dos problemas Detalhamento das etapas do projeto (competências desenvolvidas, metodologia utilizada, participação dos alunos, definir objetivos, configurar expectativas, regras, calendário de trabalho, processos e implicações da avaliação).	
	Reunião 4 06/10	Definição dos papéis de cada professor (divisão nos projetos) Como começar um roteiro Propostas de recomendações que permitam orientar os alunos na resolução de problemas (roteiro: problema, orientações para os alunos resolverem o problema, possibilidade de produto final).	Roteiro da Reunião Descrição do Projetos Mapa dos projetos Interdisciplinares

	Reunião 5 **20/10**	Finalização da descrição dos projetos: títulos, objetivos, participação dos componentes curriculares, questão estruturante, cronograma de trabalho. Definição/detalhamento do cronograma de trabalho e papel dos componentes curriculares participantes (para posterior construção de roteiros pedagógicos) Utilização da plataforma DreamShaper (formação semana de PT) Definição dos papéis de cada professor (tutoria) Preparação de roteiros	Roteiro da Reunião Documento: Dimensões e desenvolvimento das competências gerais da BNCC
	Reunião 6 **27/10**		Apresentação dos Projetos utilizando o recurso Canvas Material de referência Ariana Cosme Apresentação da Plataforma DreamShaper
	Semana 1 **03/11 (RN)** ***Plano de** **comunicação**	Formação dos grupos Definição dos diferentes papéis que os alunos poderão desempenhar nos grupos e individual Identificação dos produtos esperados Definição dos critérios de avaliação Construção de cronograma das atividades	Roteiro da Reunião Apresentação da Plataforma DreamShaper
	Semanas 2/3 **10 e 17/11**	Realização das tarefas com orientações e intervenções dos professores	Parâmetros da Avaliação Horário otimizado para projetos Roteiro da Reunião
	Semana 4 **24/11**	Os trabalhos são objeto de uma apresentação e de uma discussão pública, na qual: • se comparam e justificam os resultados obtidos e as diferentes estratégias utilizadas • avaliação entre pares, apresentação para banca •preparação para o Encontro Cultural	Mapa de Logística do C4 Estratégias de Tutoria para/ alunos Divisão de Tarefas Roteiro da Reunião Formulário de Avaliação

Fonte: Elaborado pela autora

Quadro 9 – Reuniões de planejamento: 2021

Ano 2021	Data dos Encontros	Operacionalização do Projeto	Materiais de referência
	Reunião 1 14/09	Diretrizes de trabalho a partir do resgate dos focos de desenvolvimento dos projetos: Retomada das informações do site RB Pedagógico; Síntese da avaliação dos professores, orientadores educacionais e alunos; Caminho 2021 Plataforma DreamShaper *leitura dos projetos como preparo prévio para a próxima noturna	Livro: *Aprendizagem Baseada em Projetos*, Ed. Penso Livro: *Planejando o trabalho em grupo*, Ed. Penso Roteiro da Reunião
	Reunião 2 21/09	Validação da proposta de divisão dos professores nos projetos; Análise dos projetos 2020: manutenção ou nova proposição de projetos por série (garantir o caráter de síntese do C4); Papo com Leonardo Delfino - Empreendedorismo. *oficina sobre ODS tarefa de casa preparo para a próxima noturna	Roteiro da Reunião Análise do Material 2020 Mapa dos projetos Interdisciplinares Vídeo PBL em 5 minutos: https://youtu.be/ RGoJlQYGpYk
	Reunião 3 05/10	Definição dos temas dos projetos; Descrição dos projetos; Início do detalhamento das etapas do projeto (semana preparatória, definição de objetivos, configuração das expectativas, metodologia utilizada, participação dos alunos, regras, calendário de trabalho, processos e avaliação); Utilização das trilhas da Plataforma Dreamshaper.	
	Reuniões 4/5 Horário estendido 19/10	Finalização da descrição dos projetos; Validação dos critérios do projeto de autoria para alunos do Ensino Médio; Detalhamento da agenda de trabalho; Início do planejamento das atividades para repertório; Planejamento de roteiros.	Plano de Consolidação Mapa de Projetos Programação da semana Roteiro da Reunião

	Semana 1 09/11	Planejamento das etapas, organização das demandas dos projetos, combinados sobre avaliação	Roteiro da Reunião Parâmetros de avaliação
	Semana 2 16/11		
	Semana 3 23/11	Organização dos projetos para apresentação no Encontro Cultural	Site RBpedagógico Roteiro da Reunião
	Semana 4 30/11	Encontro Cultural 29, 30/11, 1/12 - culminância dos projetos Avaliação do C4	Roteiro da Reunião Formulário de Avaliação

Fonte: Elaborado pela autora

7.2.3 Análise dos encontros de formação de início e durante o ano letivo

Em 2019 a escola estabeleceu a parceria com a *Google for Education*. A apropriação e o uso qualificado das ferramentas foram uma necessidade institucional.

O planejamento de atividades interdisciplinares e o uso de metodologias ativas também estão presentes, mas não houve estabelecimento de focos, o que facilita muito desenhar a arquitetura da formação.

Houve estudo e ações de compartilhamento de práticas. As atividades como dança e as ações de relaxamento compõem o exercício de romper a rotina e trazer a Arte e Cultura Corporal como fruição estética. São percebidos poucos espaços de reflexão e o percurso caracteriza a operacionalização para a aproximação do corpo docente de uma escola inovadora e emergente do século XXI.

No ano de 2020, ano em que todos foram impactados pela pandemia, o percurso foi claramente caracterizado pela preocupação de configurar espaços de reflexão e ação, buscando a formação de um professor que alcance a interlocução qualificada.

Em 2021, notoriamente houve uma preocupação com o tempo. Otimizar e qualificar os espaços em espaços de ações práticas: Apropriação e uso de ferramentas digitais – Reflexão e revisão da sala de aula e do papel do professor – Aprender a fazer fazendo.

Nos três anos analisados houve a escolha por caminhos diferenciados proporcionando aos docentes a homologia dos processos: o professor ouve, escuta e fala. Palestras, oficinas, trabalho em grupos, atividades práticas são caminhos diversificados respeitando os diferentes estilos de aprendizagem.

Há espaço para a voz de "casa", professores ensinando professores e há espaço para a vinda de novas vozes, personalidades acadêmicas que de fora dos muros da universidade vêm para dentro das rodas de discussão.

A intencionalidade do planejamento desses encontros é clara, ela se concretiza pelas premissas institucionais dadas ao início, as demais ações são convergentes a elas.

Perrenoud (2000) aponta a importância da intencionalidade pedagógica como papel na reconstrução didática de qualidade para que se atinja o aluno em sua individualidade, estabelecendo caminhos e formulando novos instrumentos. Traz, assim, para nossa reflexão a importância da intencionalidade no projeto e ação na formação de educadores, um processo reflexivo e convergente ao que acontece com o aluno, pois em diferentes proporções e dimensões somos seres aprendentes.

Ao analisar as reuniões de planejamento e suas pautas, observa-se um crescimento evidente na qualificação delas: o foco no processo, a preocupação com a aprendizagem do aluno, o espaço educativo como espaço de troca e interação. Os professores que estão à frente de algumas práticas tornam-se pares avançados e exercem uma ação colaborativa tecendo uma grande rede de conhecimento.

Ouvido atento, escuta ativa, prática assistida, refletida, espaço de diálogo e colaboração são possíveis na experiência prática.

O Grupo de Trabalho (GT) de implantação do Ciclo 4 é um exercício de aproximação da gestão e a formação, foi notória a necessidade de o Itinerário Formativo ir ao encontro da qualificação das práticas e das dificuldades apresentadas pelos docentes.

Algumas formas de construção do GT inspiraram as ações planejadas:

- Atividade bússola: mapeamento das ações realizadas;
- *Brainstorming*: geração de ideias para buscar a solução de um problema;
- Uso de perguntas problematizadoras;
- Glossário de definições teóricas;
- Portfólio digital;
- Avaliação rotativa;
- *Design thinks;*
- Mapas conceituais;
- Repositório de documentos para a organização do percurso.

A práxis pedagógica pode ser fruto da inovação assumida pelos docentes ou da formação continuada desenvolvida como possibilidade de despertar o desejo para o novo. A personalização do itinerário formativo e a cooperação entre os saberes docentes também são meios para uma busca de um caminho eficaz na transformação de sua prática.

Ao estudar, participar de grupos de apoio, rodas de conversa, compartilhamento de práticas, EU Professor me revejo e, portanto, redireciono minha práxis, ou, ao ser desafiado pelas mudanças postas, decididas e introduzidas, ofertadas e sugestionadas, experimento a inovação e busco a formação como andaime para a sua sustentação.

O Quadro 10 apresenta uma síntese do itinerário formativo e as categorias de análise estabelecidas para a pesquisa.

Quadro 10 – Itinerário formativo - síntese

Categorias de análise	Intencionalidade	Sensibilização	Estudo e reflexão	Participação e compartilhamento
AÇÕES				
Encontro Riobranquino	Há intencionalidade nas ações planejadas, não há indícios de uma construção coletiva, mas é presente como plano gestor.	Feita na abertura dos trabalhos. Encontra-se também em ações que intercalam as reuniões.	A programação é corrida, mas há indicações de fundamentações para busca autônoma posteriormente.	A pauta é construída pela coordenação pedagógica e diretores. Nos dois últimos anos vem sendo compartilhada com as coordenações de área.
Reuniões de Planejamento	A intencionalidade é clara, mas a divisão do tempo compromete o estabelecimento de foco.	Há a preocupação nas pautas formativas em função do tempo, há pouca escuta das percepções dos docentes.	Presente com Indicações de leituras, citações, infográficos. Esporadicamente há oportunidades de que os professores também tragam sugestões Não há grupos de estudos ou rodas de discussão sobre leituras.	A participação tem se intensificado nos dois últimos anos. As ações de compartilhamento estão presentes.
Grupos de Trabalho	Presente desde a formação do grupo.	Há a preocupação, e o exercício, mas não em todos os encontros.	Muito estudo e reflexão.	O compartilhamento de práticas e estudos é sempre presente. Há espaço para participações pontuais de profissionais do colégio.

Pipocando	Está presente	Não se aplica	Por meio de tutoriais é possível o estudo. Não é um espaço destinado à reflexão, mas a ação.	Sim, muito compartilhamento, a participação acontece de forma indireta: postagens de trabalhos.
Palestras	Intencionalidade clara da equipe de gestão pedagógica.	Nem sempre, depende da linha de condução do palestrante	Aqui há uma junção do saber sabido com o saber aprendido. Em alguns momentos houve a preocupação da reflexão e participação dos professores.	Não se aplica.
Oficinas	Presente com maior clareza nos últimos anos.	Não se aplica.	Não se aplica. Conceito mão na massa	Presente nas propostas e possibilidade de professores coordenarem oficinas.
Observação de aulas	Há intencionalidade combinada entre observador e observado.	Não se aplica da forma estética. A sensibilização pode acontecer pela necessidade e pelo discurso.	Reflexão e estudo presentes nos momentos de feedbacks. Em processo: nem todas as equipes se apropriaram dessa prática.	Não se aplica
Feedbacks a partir da autoavaliação	Começa a fazer parte de um plano de Desenvolvimento Profissional.	Não se aplica da forma estética. A sensibilização pode acontecer pela necessidade e pelo discurso.	Reflexão e estudo presentes nos momentos de feedbacks. Em processo: nem todas as equipes se apropriaram dessa prática.	Não se aplica

Comparti-lhamento de Práticas	A intenciona-lidade dialoga com os objeti-vos de apren-dizagem.	Em processo.	Observação e convite para aplicação na prática	Compartilha-mento em pro-cesso de aplica-ção da reflexão. Há a observação aparentemente passiva dos que assistem.
RBpeda-gógico - site	Intencionali-dade clara.	Pela Arte: pa-lavra escrita, pintura.	Traz material de suporte para propiciar estudo e reflexão. Nas reuniões de formação há espaço para este resgate.	Compartilha-mento de regis-tros e informa-ções. Fechado para postagens dos professores até o momento.

Fonte: Elaborado pela autora

Retomando Lück (2008), as operações mentais do planejamento devem identificar, analisar, prever e decidir para traçar os objetivos e intenções, dessa forma podemos promover mudanças e alcançar um objetivo.

7.3 Ressignificando o percurso de formação

É necessário ressignificar a formação docente. A formação não se dá por acumulação de saberes, mas por reflexão na ação e sobre a ação.

O ponto de partida é pensar sobre o cotidiano pedagógico, desvelando a teoria que está por trás da prática nele desenvolvida, trazendo à consciência as decisões e escolhas curriculares feitas em um movimento de construção coletiva.

Reflexão, do latim *reflectere*, propõe voltar atrás para examinar melhor. O processo educativo se faz na ação-reflexão-ação, para que este movimento aconteça precisamos observar, registrar, refletir, sintetizar, avaliar e planejar constantemente, em um movimento síncrono e assíncrono em nossos atos pedagógicos.

Reflexão e diálogo são peças vitais deste processo, "atuar criticamente para transformar a realidade" (FREIRE, 1987, p.14).

Não estamos diante de uma racionalidade técnica, buscamos uma racionalidade emancipatória. Ninguém se educa isoladamente, aprendemos na partilha de saberes, na comunhão com os outros. No coletivo, os vínculos de confiança e solidariedade são desenvolvidos. O coletivo reflexivo é a incubadora do sujeito criador, autônomo, competente para pensar a respeito da sua prática pedagógica, revelar, reformular, propor soluções e discutir com seus pares no processo democrático de construção coletiva.

Grupos de formação são lócus de discussão, em que o professor é mediador da dialética teoria e prática, processo que envolve busca, curiosidade, tenacidade, satisfação, prazer e alegria. A pesquisa é a base fundamental da docência, promovendo o desenvolvimento da dimensão cidadã através da possibilidade da produção de conhecimento mobilizadora do coletivo.

O professor, assim, é valorizado em seus saberes, autor de suas práticas, atuante no projeto pedagógico em que está inserido. Reflexivo, desenvolve-se como ser mais criativo, sensível, solidário e transformador social. É no âmbito da educação superior que podemos atuar com maior força para a formação de professores que alcancem as aspirações mais democráticas.

Larrosa Bondía (2002, p.24) considera que para que haja experiência é preciso que algo nos aconteça, e isso requer interrupção, parar para pensar, olhar, sentir, suspender a opinião, o automatismo da ação, cultivar a delicadeza, dar-se tempo e espaço.

> Este é o saber da experiência: o que se adquire no modo como alguém vai respondendo ao que vai lhe acontecendo ao longo da vida e no modo como vamos dando sentido ao acontecer do que nos acontece. No saber da experiência não se trata da verdade do que são as coisas, mas do sentido ou do sem-sentido do que nos acontece. (LAROSSA BONDÍA, 2002, p.27)

Somos diferentes e aprendemos diferente, o uso de linguagens diversificadas para a personalização do itinerário formativo do professor é uma forma respeitosa de garantir o seu direito de aprender e reaprender.

Algumas possibilidades e proposições de qualificação do percurso formativo:

Documentação pedagógica: Registrar a prática e refletir sobre ela é um caminho para que o professor se dê conta de seus avanços e seus desafios, um reencontro consigo mesmo, assim o registro passa a ser um mapa da prática e uma possibilidade de autorreflexão. É preciso fazer boas perguntas para isso, a intervenção qualifica o processo, a problematização cria condições para a autoria de pensamento. Quais são as evidências da aprendizagem do professor?

No Apêndice C há uma carta convidando o educador e professor pesquisador a registrar as suas práticas.

A documentação pode ser colocada por meio de:

- Diário Reflexivo;
- Diário Dialogado;
- Inventários de aula;
- Roteiros de análise;
- Portfólios;
- Tornar visível o pensamento e a aprendizagem do professor por meio de registros verbais e não verbais.

Registro dos encontros de formação: O registro do percurso é uma das alternativas para criar memórias de aprendizagem, é um caminho para a documentação pedagógica da trajetória iniciada em direção ao conhecimento e reflexão prática. Ao final dos encontros de formação, a apreciação avaliativa carrega sentimentos, aponta o sentido do grupo e sua regulação de aprendizagem: uma imagem, um sabor, um alimento, uma cor, uma cena… memórias afetivas despertadas e vinculadas aos novos saberes constituídos. A expressão lírica e poética é uma inspiração ao estudo.

Reflexão Metódica: Proporcionar situações em que o professor possa exercitar a reflexão de forma sistematizada e organizada, com base em alguns recursos:

- Pontos de observação para o exercício do olhar reflexivo;
- Roteiros de Análise de Práticas, vídeos, textos;
- Planejamento da observação de aulas e atividades;

- Observação de Aulas de colegas: Professor aprendendo com Professor;
- Análise se situações problemas hipotéticas.

Prática Voluntária: Mentalidade de Desenvolvimento Contínuo: colocar-se à frente do processo, saber falar sobre suas práticas, autoavaliar-se, buscar feedbacks, acolher a formação dos colegas e participar dela, propor projetos de formação comuns, ser o agente do seu desenvolvimento. Exercitar a *Learnability*[1], ou capacidade de aprendizado. Saber adaptar-se e desenvolver os conhecimentos ao longo da vida profissional. Estar aberto a aprender constantemente e produzir conhecimento, conteúdo e habilidade permanentemente.

Para que as práticas citadas se efetivem como instrumentos para o desenvolvimento do professor, é necessário que o clima institucional favoreça a experimentação e a abertura para o novo. Nesse sentido o papel do gestor é fundamental. Ele deve estabelecer uma relação de ajuda e colocar-se ao lado do professor e equipe, no Quadro 11 é possível visualizar as ações que favorecem esse clima.

Quadro 11 – Ações da gestão

Ações que ajudam	Ações que criam obstáculos
Confiança mútua	Desconfiança
Aprendizado cooperativo	Treinamento/doutrinamento
Crescimento mútuo	Avaliação como correção/consertar
Abertura recíproca	Jogos de relacionamento: manobras
Solução compartilhada do problema	Modelagem: engessamento de modelos
Autonomia	Controle
Experimentação	Padronização

Fonte: Elaborado pela autora

---

1 *Learnability*, expressão Inglesa, é um conceito formado a partir das palavras 'aprender' (*to learn*) e 'habilidade' (*ability*). Disponível em: https://www.msqj.com.br/2021/10/22/learnability-leandro-karnal/. Acesso em: 21 jan. 2022.

Envolver o professor nesse processo de formação e considerar os seus conhecimentos prévios são ações imprescindíveis para a sua autoria e compromisso com a própria formação permanente. O exercício se fez na premissa do querer. É necessário oportunizar situações para que os professores pensem, registrem suas práticas, argumentem, opinem e convençam.

O professor tem sua força na intervenção: ouvir, interpretar, caracterizar o pensamento do aluno e desnudar o erro como uma janela para o acerto. A resposta certa é aquela que gera a aprendizagem, ela não é definitiva, a reflexão na ação exige do professor a personalização da aprendizagem. As verdades são provisórias e o nosso compromisso vai muito além da quantidade de conteúdos e atividades desenvolvidas em aula, o nosso compromisso está em eleger atividades significativas, desafiadoras e, para que isto aconteça, é preciso desenvolver um percurso de formação docente que tenha escuta e intervenção.

O ato de ensinar e de formar, desenvolver, embora tenha características de individualidade, é sempre um trabalho coletivo. A escola "capacita" as pessoas para o exercício da cidadania; a aprendizagem vai além da relação com o conteúdo, ela se faz na interação com as pessoas, na constituição de comunidades de aprendizagem.

Aprendizagem é plural, não se restringe só à escola, aprende-se na diversidade, na comunhão, na comunicação e na totalidade.

Como bem diz Larrosa Bondía (2002), é incapaz de experiência aquele a que nada lhe passa, a quem nada lhe acontece, a quem nada lhe sucede, a quem nada o toca, nada o afeta, nada o ameaça.

O ensino prático dá ênfase no aprender com base na experiência do erro, aproveitando os sucessos e insucessos da experiência particular e coletiva. Ele é livre de pressões e relaciona o saber profissional consistente e o papel do professor pesquisador. O desequilíbrio trazido por novas ideias leva à busca de uma nova resposta, portanto, uma nova ação. A prática colaborativa fortalece as experiências, as potencialidades e, assim, aprendemos que juntos podemos superar as dificuldades e olhamos para o diferente com encantamento e não com o temor do desconhecido.

O formador e a formação se integram na educação contextualizada e libertadora, o mundo real não é deixado lá fora como se nos aprisionássemos no academicismo arrogantemente intelectual, o mundo real adentra a sala de aula, seja ela a casa de cada aluno ou a própria universidade, para que busquemos o conhecimento e por meio dele mudemos sabiamente o entorno. As ideias precisam ser articuladas para gerar pensamento, do contrário, são só ideias.

A subjetividade depende da sensibilidade de cada um e aprendemos que temos que ter a maturidade do formador e não do ignorante. O ignorante vai continuar a querer não saber e é necessário criar um vínculo de confiança para aprender e respeitar o direito do outro de não querer aprender. As contribuições pessoais, entre o indivíduo e os outros e entre o indivíduo e os objetos atribuem significado ao saber.

A aprendizagem significativa se caracteriza pela interação entre novos conhecimentos e os conhecimentos prévios e só ocorre quando o novo conceito apresenta uma estrutura lógica de significado, baseado no conhecimento anterior. Dessa forma, o professor se torna um sujeito ativo e participante do seu processo de aprendizagem.

A ressignificação do itinerário passa por utilizar-se de instrumentos de automonitoramento e reflexão e registro da prática do professor. A habilidade de questionar a sua prática é fundamental para que haja desenvolvimento profissional.

É necessário o desenvolvimento de um clima de curiosidade que leve à formação espontânea de grupos de estudos e troca de experiências. "Um professor reflexivo tem a tarefa de encorajar e reconhecer, e mesmo de dar valor à confusão dos seus alunos. Mas também faz parte das suas incumbências encorajar e dar valor à sua própria confusão." (SCHÖN, 2000, p.85). O sentido do "ficar confuso" dado por Schön refere-se a pensar a respeito, fazer perguntas, investigar a ação.

8 Considerações finais

No final do século XX, a formação de professores teve avanços significativos, como a disseminação do uso das tecnologias digitais da informação e comunicação (TIDCs), metodologias ativas e a proposição dos processos de ação-reflexão nas instituições de ensino. A importância da ação dialógica do gestor escolar com a formação de professores é o que o diferencia de um gerente de administrativo. Gerenciar é administrar, gestar é criar. Dessa forma, cabe entender quem é o professor, como sujeito dessa ação, suas necessidades e seus anseios possibilitando uma construção coletiva do percurso/itinerário de formação com mais sentido e, portanto, trazendo mais significado para a participação e mobilização de sua prática.

Esta pesquisa apresenta como questão central: O itinerário de formação de professores com base no paradigma da comunicação constitui um elemento articulador do currículo na gestão pedagógica? Partindo da questão central passamos às etapas subsequentes a considerar como objetivo geral, analisar a construção do itinerário de formação de professores com base no paradigma da comunicação e, como objetivos específicos, descrever um itinerário formativo de professores e ressignificar o itinerário vivido a partir da concepção de um currículo crítico

O desenvolvimento do estudo considera o itinerário da formação de professores planejado junto à gestão da escola, a partir do paradigma pedagógico sobre a aprendizagem nele inserido. O estudo revela a importância de ouvir o professor nesta construção para saber a qualidade da experiência que foi oferecida a ele, considerando os diferentes contextos educacionais em que ele atua.

As ações propostas neste itinerário favorecem experiências afetivas e efetivas, bem como vivências democráticas, isso só é possível se considerarmos a diversidade, pois a ação docente se faz na prática e na intersubjetividade das pessoas e suas relações com o espaço educativo vivido. Os saberes articulados e construídos precisam fazer parte de um processo coletivo que dá sentido ao fazer educativo, na trama do cotidiano, considerando toda a imprevisibilidade que ele traz. Um professor que tem oportunidade de criar, refletir, escolher, estudar, experimentar e se rever, com base em uma construção relacional da teoria e prática, proporciona uma formação emancipatória, desenvolvendo em seus alunos a criticidade.

A partir de um currículo crítico em prática, o itinerário de formação com base no paradigma da comunicação, constitui-se um elemento articulador na gestão pedagógica. O diálogo entre a gestão e a formação a partir do paradigma da comunicação é propício a este movimento, já que educação e comunicação estão inter-relacionadas na aprendizagem. Ao checar o entendimento das ações de formação, silenciamos, ouvimos e escutamos. Somos profissionais de responsabilidade e precisamos ter um tempo para qualificar e acomodar as informações, assim elaboramos o que o outro fala e transformamos em conhecimento. Nós nos conhecemos melhor conhecendo o outro.

É evidente que o diálogo entre a gestão, o currículo e o itinerário formativo seja célula central, estruturante do trabalho, do contrário temos ações estanques, isoladas, contraditórias que não criam a identidade do projeto político pedagógico.

As categorias de análise escolhidas permitem indicar escolhas neste percurso que vem ao encontro do paradigma da comunicação: **Intencionalidade** (porque faço essas escolhas: o que e como ensino, o que é importante, como qualifico o tempo didático, qual é a relação do saber e do aprendente); **Sensibilização** (como toco o outro para mobilizar os seus saberes, desperto nele o desejo, torno o professor um interlocutor qualificado); **Estudo e reflexão** (onde proporciona a consciência da necessidade de mudança: fundamentação e análise sobre a prática, conhecimento prático e acadêmico, aprender a aprender); **Participação e Compartilhamento** (em que momentos permite a autoria do professor e a troca de experiências, o aprender a conviver, a interação com os indivíduos e com o espaço educativo). As categorias permitem analisar a comunicação entre o espaço educativo, a interlocução do professor e gestão e o diálogo com a aprendizagem dos alunos.

A intencionalidade "da" e "para" a ação docente revela o cuidado e o preparo na articulação dos saberes. O docente constitui-se como mobilizador do conhecimento, provocando a curiosidade e promovendo situações significativas de aprendizagem, o itinerário permite que ele descentralize-se e reconheça-se como autor de sua prática, nesse sentido, propõe uma formação reflexiva e democrática, que valoriza o professor e o instrumentaliza para identificar as potencialidades e dificuldades de seus alunos e mapear os investimentos necessários para personalizar suas estratégias, visando o desenvolvimento de cada um deles e de todos como coletivo.

As ações que compõem o itinerário revelam um planejamento com a intenção clara do desenvolvimento docente e da sensibilização presente nos encontros por meio da pergunta problematizadora, da linguagem metafórica e da Arte: música, poesia, linguagem verbal e não verbal que trazem a conexão para um diálogo cuidadoso com a intencionalidade estabelecida.

O estudo e a fundamentação teórica foram oferecidos, a análise mostra a necessidade de que sejam aprofundados e que a compreensão por parte dos docentes tenha visibilidade. É preciso que haja estratégias que revelem o pensamento da equipe sobre as referências compartilhadas na formação e que sejam abertos espaços para que os próprios docentes possam pesquisar e trazer contribuições para este desenvolvimento.

A participação e o compartilhamento também se fizeram presentes, como já descrito nesta pesquisa. Favorecendo a ressignificação do itinerário formativo, propõe-se que haja a ampliação desses momentos e que mais e diferentes professores possam participar deles, trazendo suas inquietações e incertezas, formando, assim, uma comunidade de apoio, uma possibilidade de supervisão pedagógica entre os pares, em que grupos discutem encaminhamentos para questões complexas da rotina, problematizando situações, buscando soluções em conjunto.

Nesta pesquisa, a partir do itinerário vivenciado pode-se perceber que problematizar a prática profissional demanda a observação interna e externa sobre ela, sob a perspectiva da identificação do que melhorar para agir com qualidade e planejar a prática profissional de forma eficiente. Planejar, como dito anteriormente, levando em conta as operações mentais de identificar, analisar, prever e decidir para traçar os objetivos e intenções.

O percurso formativo analisado por meio de seu itinerário colabora para o processo de transformação da prática dos professores e com a colaboração do gestor nesse diálogo.

No paradigma comunicativo dialógico o ensino se faz pela construção e reconstrução da identidade pessoal em determinados contextos sociais de aprendizagem e, para que a aprendizagem aconteça, é preciso haver a transposição didática, ou seja, informação articulada que transforma conteúdo em conhecimento.

Por meio dos paradigmas educacionais estudados, o paradigma da comunicação sustenta o diálogo entre o aluno, o professor, o saber e o espaço educativo, articulando e possibilitando o desenvolvimento de um itinerário formativo construído coletivamente, com o gestor e com a equipe para a comunidade educativa.

Considera-se, a partir da pesquisa, que o paradigma educacional da comunicação, por constituir-se na relação dialógica da aprendizagem e acreditar na transformação do sujeito, flexibilizando sua interação com o meio, com os outros e o objeto do conhecimento, é favorável a essa articulação.

A reflexão crítica permite ao professor analisar sua ação, refletir sobre ela e planejar nova ação, tomando consciência do seu percurso e se regulando no caminho de aprender e ensinar, processo que se mostrou presente na organização das pautas de reunião e nas ações formativas, nas leituras escolhidas e nas premissas anuais de planejamento, propiciando a busca de respostas.

O currículo crítico proporciona o diálogo entre a gestão e a formação de professores. Ser professor, nesse sentido, é ser um profissional de interlocução qualificada, ter um saber profissional consistente e exercer um papel de pesquisador na busca constante do conhecimento.

Aprendemos na relação, na troca com o outro e com o saber. Crescemos com a reflexão na ação, sobre a ação e com a reflexão sobre a reflexão da ação. Assim, ressignificamos a nossa prática, o que gera o conflito cognitivo, conflito que nos faz crescer e aprender. O conflito nos modifica diante do objeto, do outro e de nós mesmos.

A ação docente como articuladora de saberes se faz na prática, somos a nossa memória, somos marcados pelo que vivemos e transformados por aquilo que nos afeta. Nesse sentido, o professor tem o compromisso de participar nos processos de decisão da instituição e o dever de agir em suas implantações. A ressignificação do itinerário considera a construção desses elementos.

Partindo dessas premissas, este trabalho de pesquisa evidencia o papel do gestor pedagógico como um gestor curricular, conforme Quadro 11 (Ações da gestão) e reconhece no professor um profissional integrado e integrador fortalecido pela articulação com o gestor, o que fortalece esta premissa. O gestor curricular adota formatos de mediação pedagógica e didática por meio de metodologias ativas, como também dispositivos de avaliação que o mobilizam a refletir sobre sua prática e proporciona à equipe a reflexão sobre a sua aprendizagem e a do grupo.

Nesta concepção, espaço educativo exige flexibilidade temporal, pessoal e coletiva, exige, também, menos conteúdos fixos e determinados e mais análise de objetos do saber em construção coletiva, tornando-se ambiente de aprendizagem e proporcionando a apropriação do conhecimento aprendido.

É preciso que haja uma conexão entre aprender e liderar estruturando uma referência de trabalho de gestor. A gestão pedagógica precisa ter o foco no paradigma da comunicação e na aprendizagem, pois o objetivo final das atividades de formação necessita ser observado na "sala de aula" e nos mais variados espaços de ensino aprendizagem.

Identificou-se na análise que a participação da gestão se deu tanto nas escolhas dos focos de desenvolvimento, como na escuta e participação em grupos de trabalho e de estudo junto à equipe.

O paradigma educacional da comunicação, dentro da Pedagogia Crítica, é um caminho convergente a estes princípios, nele a mobilização dos saberes acontece por meio da comunicação, da cooperação, da colaboração e da conectividade, permitindo que "sala de aula" se reinvente, constituindo-se favorável ao desenvolvimento de metodologias ativas; nele o professor apresenta-se como responsável pela seleção de procedimentos didáticos que permitam ao aluno uma participação ativa na construção de um saber articulado e não imposto.

Com base na análise do **itinerário de formação** de professores pelo recorte feito e descrito nesta dissertação evidencia-se que o paradigma da comunicação se constitui como um elemento articulador do currículo, favorecendo a gestão pedagógica.

Entendemos também que é preciso desnaturalizar este conceito de que todos entendem sobre formação docente, pois a formação é uma prática social e objeto científico de pesquisa e estudo de uma pedagogia praxiológica, portanto, exige fundamentação teórica e metodologia.

A desarticulação entre o pensar e o agir nas escolas é o entrave da concretização de uma prática pedagógica de qualidade. Tanto educadores quanto as instituições estão em um processo de transição, muitos ainda se apropriam com dificuldade da visão interdisciplinar do ensino, uma visão integrada do conhecimento.

É indiscutível que as condições de infraestrutura são imprescindíveis para um ambiente seguro e de aprendizagem, favorecendo a compreensão de um currículo favorável às concepções de um processo educativo para a ressignificação do conhecimento do professor.

Os objetivos previstos na pesquisa foram atingidos a partir da análise, da descrição e da ressignificação do itinerário formativo proposto. O registro das práticas no itinerário necessita garantir o seu papel como documentação pedagógica reflexiva e norteadora do processo, assim como os diferentes instrumentos de observação de aula.

O percurso apresentado baseia-se em cinco pilares pautados em um currículo crítico e no paradigma da comunicação:

1. Gestor como articulador da formação e da ação dialógica;

2. Professor como Interlocutor;

3. O saber e o aprendente como foco;

4. Espaço educativo e suas relações como facilitadores;

5. Formação Reflexiva como percurso de apropriação.

É possível aprofundar estes conceitos nos capítulos 5, 6 e 7 desta dissertação.

Como resultado temos um itinerário formativo qualificado, planejado e articulado que subsidia o professor em seu desenvolvimento pessoal e profissional.

Há muitos desafios nesse processo, pois quem nunca exerceu a autonomia, seja como gestor, docente ou como discente, resistirá à mudança e preferirá a permanência do princípio da heteronomia, situação em que a decisão é do outro e, de forma "confortável", gera comportamentos passivos. A mudança dói e traz desconforto, porém o mundo exige que seja diferente e clama por um sujeito que se relacione com seu patrimônio cultural e social de forma inovadora e transformadora.

Esta pesquisa não se fecha ou se esgota, evidenciou-se que há necessidade de estudar outras propostas de formação para ampliar novas articulações e alargar o sentido de um itinerário formativo. É preciso, também, que haja a integração dos serviços públicos prestados às instituições educativas, possibilitando um intercâmbio de profissionais e assessorando a escola para uma ampliação da mediação desse itinerário. A aproximação de profissionais, sejam professores ou gestores, pesquisadores facilita a produção de conhecimento científico sobre a realidade local, o que acaba por influenciar e qualificar o projeto político pedagógico da escola.

Este trabalho de pesquisa foi contagiado pelo sonho. Sonho entendido aqui não com uma coisa inviável e inatingível, mas como um projeto de vida que você lança para frente, no movimento de vir a ser, no sentido de lançar-se ao futuro procurando uma educação melhor, um currículo melhor, pessoas melhores e um mundo melhor. Futuro construído com ações efetivas no presente.

Referências

ABREU SOUZA, Ana Cristina Gonçalves de. **Formação de professores:** da experiência do sujeito ao sujeito da experiência. 2011, 166f. Tese (Doutorado em Educação) – Pontifícia Universidade Católica de São Paulo, São Paulo, 2011.

APPLE, Michael W. **Educação é Poder.** Porto Alegre: Artes Médicas, 1993.

APPLE, Michael W. **Ideologia e Currículo.** São Paulo: Brasiliense, 1982.

BENDER, Willian N. **Aprendizagem baseada em projetos** - Educação diferenciada para o século XXI. Porto Alegre: Ed. Penso, 2015.

CANÁRIO, R. **Formação e situações de trabalho.** Porto: Porto Editora, 1997.

CARVALHO, Esther. **Implantação de inovações curriculares na escola:** a perspectiva da gestão. São Paulo: CL-A Cultura, 2019.

CHEVALLARD, Yves. Introducing the anthropological theory of the didactic: an attempt at a principled approach. **Hiroshima journal of mathematics education**, n. 12, p.71-114, 2019.

CHIZZOTTI, Antônio. **Pesquisa em ciências humanas e sociais.** 4. ed. São Paulo: Cortez, 2000.

COSME, Ariana. **Autonomia e Flexibilidade Curricular:** propostas e estratégias de ação. Porto: Porto Editora, 2018.

DELORS, Jacques *et al.* **Educação:** um tesouro a descobrir: relatório para a UNESCO da Comissão Internacional sobre Educação para o Século XXI. São Paulo: Cortez; Brasília, DF: UNESCO, 1998.

DEWEY, John. **Como Pensamos.** São Paulo: Companhia Editora Nacional, 1953.

DEWEY, John. **Democracia e Educação.** São Paulo: Companhia Editora Nacional, 1959.

FELDMANN, Marina Graziela. A questão da formação de professores e o ensino de arte na escola brasileira: alguns apontamentos. **Olhar de Professor**, Ponta Grossa, v. 11, n. 1, p.169-182, 2008. Disponível em: http://www.uepg.br/olhardeprofessor. Acesso em: 23 mar. 2022.

FERNANDES, Domingos. Para uma teoria da avaliação formativa. **Revista Portuguesa de Educação**, Universidade do Minho, v. 19, n. 2, p. 21-50, 2006.

FORMOSINHO, João. Estudando a práxis educativa: o contributo da investigação praxeológica. In: **Sensos II**, v. 6, n. 1, p. 15-39, 2016. Disponível em: https://www.researchgate.net/publication/328430285_ESTUDANDO_A_PRAXIS_EDUCATIVA_O_CONTRIBUTO_DA_INVESTIGA-CAO_PRAXEOLOGICA. Acesso em: 19 jun. 2022.

FREIRE, Madalena; CAMARGO, Fátima; DAVINI, Juliana; MARTINS, Mirian Celeste. **Observação, registro, reflexão**: instrumentos metodológicos. São Paulo: Espaço Pedagógico, 1996.

FREIRE, Paulo. **Conscientização**. São Paulo: Cortez e Moraes, 1979.

FREIRE, Paulo. **Pedagogia da autonomia**: saberes necessários à prática educativa. São Paulo: Paz e Terra, 1996.

FREIRE, Paulo. **Professora sim, tia não**: cartas a quem ousa ensinar. São Paulo: Olho d'Água, 1997.

FRSP. **Projeto Político Pedagógico do Colégio Rio Branco** – EFM. São Paulo: Fundação de Rotarianos de São Paulo, 2008.

FRSP. **Projeto Político Pedagógico do Colégio Rio Branco** – EFM. São Paulo: Fundação de Rotarianos de São Paulo, 2013.

FRSP. **Projeto Político Pedagógico do Colégio Rio Branco** – EFM. São Paulo: Fundação de Rotarianos de São Paulo, 2018.

FRSP. **Projeto Político Pedagógico do Colégio Rio Branco** – EFM. São Paulo: Fundação de Rotarianos de São Paulo, 2019.

GARCÍA, Carlos Marcelo. A formação de professores: novas perspectivas baseadas na investigação sobre o pensamento do professor. *In*: Antônio Nóvoa (Coord.). **Os professores e sua formação**. Lisboa: Dom Quixote, 1992.

GARCÍA, Carlos Marcelo. **Formação de professores**: para uma mudança educativa. Porto: Porto Editora, 1999.

GIL, Antonio Carlos. **Métodos e técnicas de pesquisa social.** 6. ed. São Paulo: Atlas, 2008.

GÓIS, Antônio. **Líderes na escola**: o que fazem bons diretores e diretoras, e como os melhores sistemas educacionais do mundo os selecionam, formam e apoiam. São Paulo: Moderna, 2020.

HARARI, Yuval Noah. **21 lições para o século 21**. São Paulo: Companhia das Letras, 2020.

IMBERNÓN, Francisco. **Formação docente e profissional**: formar-se para a mudança e a incerteza. São Paulo: Cortez, 2011.

IMBERNÓN, Francisco. **Formação permanente do professorado**. São Paulo: Cortez, 2009.

LARROSA BONDÍA, Jorge. Notas sobre a experiência e o saber da experiência. **Revista Brasileira de Educação**, n. 19, jan./fev./mar./abr., 2002.

LAVILLE, Christian; DIONNE, Jean. **A construção do saber**. Belo Horizonte: Editora UFMG, 1999.

LÜCK, Heloísa. **Dimensões de gestão escolar e suas competências**. Curitiba: Editora Positivo, 2009.

LÜCK, Heloísa. **Planejamento em orientação educacional**. 19.ed. Petrópolis: Vozes, 2008.

MORAN, José. **Metodologias ativas de bolso**: Como os alunos podem aprender de forma ativa, simplificada e profunda. São Paulo: Editora do Brasil, 2021.

NOFFS, Neide A. (org.) **PIBID-PUC/SP**: a formação de professores e seus desafios. São Paulo: Artgraph; 2018.

NOFFS, Neide A. **Psicopedagogo na rede de ensino**: a trajetória institucional de seus atores-autores. São Paulo: Elevação; 2003.

NOFFS, Neide A.; SANTOS, Sidnei S. O desenvolvimento das metodologias ativas na Educação Básica e os paradigmas pedagógicos educacionais. **Revista E-Curriculum**, PUC/SP, v. 17, n. 4, p. 1836-1851, 2019.

NÓVOA, António. Carta a um jovem investigador em Educação. **Investigar em Educação**, II série, n. 3, 2015. Disponível em: https://bit.ly/36zoUwZ. Acesso em: 23 mar. 2022.

NÓVOA, António. **Formação de professores e trabalho pedagógico**. Lisboa: Educa, 2002.

NÓVOA, António. **Os professores e sua formação**. Lisboa: Dom Quixote, 1992.

PADILHA, R. P. **Planejamento dialógico**: como construir o Projeto Político-Pedagógico da Escola. São Paulo: Cortez, Instituto Paulo Freire, 2001.

PE. **Plano Escolar do Colégio Rio Branco** – EFM, São Paulo: Fundação de Rotarianos de São Paulo, 2022.

POZO, Juan Ignacio. **Aprendizes e mestres** [recurso eletrônico]: a nova cultura da aprendizagem. Tradução Ernani Rosa. – Dados eletrônicos. Porto Alegre: Artmed, 2008.

SACRISTÁN, J. Gimeno. **O currículo:** uma reflexão sobre a prática. Porto Alegre: Artes Médicas, 2000.

SANTANA, Teresinha; NOFFS, Neide. **Formação Continuada de Professores:** práticas de ensino e transposição didática. Curitiba: Editora Appris, 2016.

SCHÖN, Donald A. **Educando o profissional reflexivo** – um novo design para o ensino e a aprendizagem. Porto Alegre: Artmed Editora, 2000.

SCHÖN, Donald. **Educating the reflective practitioner.** San Francisco: Jossey-Bass Publishers, 1987.

SCHÖN, Donald. **The Reflective Practitioner:** How professionals think in action. London: Temple Smith, 1983.

SOARES, F. P.; SILVA, C. S. C. DA; LOPES, H. B. Aprendizagem baseada em projetos em um contexto de pandemia: um exemplo de aplicação. **Educação: Teoria e Prática**, v. 32, n. 65, p. e15[2022]. Disponível em: https://www.periodicos.rc.biblioteca.unesp.br/index.php/educacao/article/view/15753. Acesso em: 4 abr. 2022.

TARDIF, Maurice. **Saberes docentes e formação profissional.** Petrópolis: Vozes, 2019. Disponível em: http://qnesc.sbq.org.br/online/qnesc35_4/09-PE-96-12.pdf. Acesso em: 05 abr. 2022.

TRINDADE, Rui; COSME, Ariana. **Escola, Educação e Aprendizagem**: desafios e respostas pedagógicas. Rio de Janeiro: Wak Editora, 2010.

ZABALA, Antoni. **A prática educativa:** como ensinar. Porto Alegre: ArtMed, 1998.

APONTAMENTOS DE AULAS da Profª Drª Neide de Aquino Noffs (Seminários de Projetos Integrados) e das aulas da Profª Drª Marina Graziela Feldmann (Diversidade Curricular e Desigualdade Social) no curso de Mestrado - PUC-SP de 2020 a 2021.

Glossário

Acesse o *Glossário Inovação Curricular 2019* do Colégio Rio Branco escaneando o QR Code:

Apêndice A –
Depoimentos de Educadores

O que move o professor em (trans)formação? Como o Percurso Formativo que temos no colégio colabora para esse processo? Quais desafios encontramos?

Alguns depoimentos sobre a questão que é colocada nesta pesquisa:

"Vários elementos podem mover um professor em (trans)formação. Destacaria dois: necessidade e desejo.

Necessidade: quando o professor tem consciência de que precisa investir em sua formação para atender as demandas institucionais. Aprender a usar as ferramentas digitais que a escola adotou, aprender a usar metodologias que são valor para aquela instituição, por exemplo.

Desejo: quando o professor anseia por aprender mais, por estar atualizado com as novas tendências educacionais, por acreditar que isso agregará valor à sua própria formação e que, direta ou indiretamente, afetará o seu desempenho em sala de aula e potencializará a aprendizagem dos alunos.

O percurso formativo que temos busca colaborar com esse processo porque as pautas de formação vêm tanto das demandas institucionais quanto das necessidades dos professores. Se a demanda institucional é por trabalhar a aprendizagem ativa, por exemplo, são oferecidas oficinas, material de apoio teórico e momentos de troca de práticas entre professores sobre o uso de metodologias ativas. Além do encorajamento à experimentação, a valorização e a divulgação de práticas de sala de aula estimulam que cada vez mais professores apliquem outras metodologias em suas aulas.

Alguns dos desafios encontrados são: tempo para reflexão, estudo e planejamento, transformar práticas esporádicas em constantes, vencer resistências sobre a efetividade das novas metodologias, domínio dos avanços tecnológicos, manter o engajamento dos alunos, garantir elementos de avaliação formativa."

Carolina Sperandio Costa da Silva – coordenadora pedagógica

"A mudança deve ocorrer como um processo orgânico, movido por forças intrínsecas e extrínsecas ao professor. Neste contexto, o percurso formativo ajuda a despertar o interesse e a tirar os profissionais de sua zona de conforto.

Os desafios encontrados podem ser de resistência dos alunos e das famílias (que por muitas vezes ainda estão condicionados a pensar na educação no modelo tradicional), de profissionais que sentem dificuldade em alterar a prática e aos processos das instituições que muitas vezes não conversam com a mudança (pelo menos não ao mesmo tempo)."

Ana Carolina Viegas Carmo Han – coordenadora pedagógica

"Acredito que uma das principais motivações do fazer, do mover do professor está relacionada à maneira como enxerga o saber, o conhecimento e o educar e o valor que atribui ao ensino/aprendizagem, às relações estabelecidas com os alunos. Me parece existir uma questão de vínculo pessoal com o objeto de ensino ou com a prática do educar, talvez relacionado com possíveis boas experiências vividas (ou com experiências traumáticas e seu desejo de reparação). Quero dizer que quase sempre o professor foi um "aluno transformado", que viu em sua própria transformação uma motivação para realizar esse processo com outros indivíduos. Além disso, frequentemente há exemplos de "professores transformadores" ou de "ações transformadoras" que inspiraram e inspiram sua (trans)formação.

O percurso formativo que temos no colégio colabora para esse processo na medida em que proporciona múltiplas oportunidades de ocorrência de tais ações e transformações e, por sua vez, de envolvimento, contato, diálogo e proximidade com diferentes agentes dessa transformação (alunos e professores). Ao realizar propostas interdisciplinares, criamos as "janelas de oportunidades" para as conexões. Elas deixam de ficar "à própria sorte" ou ser criadas de maneira espontânea, e passam a ser incentivadas. A possibilidade de troca com professores de diferentes áreas, habilidades e métodos, aliadas à diversidade de propostas, caminhos e escolhas, cria uma vastidão de oportunidades, aumentando as chances de essa (trans)formação ocorrer de maneira oportuna.

Os desafios são muitos, pois, na medida em que os agentes e propostas se entrecruzam, se diversificam, se personalizam, elas passam a criar um cenário de maior complexidade de atuação e gestão. Fica mais difícil planejar, avaliar, orientar e organizar, ainda mais trabalhando com muitos grupos, séries e frentes. Se a escola tradicional buscava minimizar as diferenças, padronizar, "normatizar" e homogeneizar a partir de critérios bastante rígidos, estamos vivendo o desafio de "abrir as gavetas", "misturar os conteúdos" e olhar para muitos lugares ao mesmo tempo. Algo talvez inescapável, visto que o mundo tem se configurado desta maneira."

Caio Mendes Santos – coordenador de projetos e professor

"O que move o professor em (trans)formação é a sede de sempre querer saber mais, para deixar as aulas ainda mais didáticas e atrativas. Um professor em transformação está constantemente revendo a sua maneira de ensinar. Ele está mudando a forma através de novas metodologias.

O Percurso Formativo que temos no colégio faz com que minha mente fique aberta a novas informações e me ajuda a concretizar muitas ideias, colocando-as em prática.

Encontramos alguns desafios, um deles é o excesso de demanda do professor e o outro é a resistência inicial dos alunos ao novo, que no final sempre encantam e consolidam seu aprendizado."

Elaine Lupiane – professora de Ciências

"Vou comentar sobre a minha história... comecei a dar aula na rede pública (estágio obrigatório da licenciatura) e me apaixonei! Porém, tive vergonha em assumir que "ali" era o meu local - jamais seria professora, credo!

Mas percebi que minha motivação era de fato promover a ação dos alunos e com isso automaticamente a minha também. E com esse pensamento é possível compreender que nossa profissão sempre está em movimento, gerando ação. Ação que permite engajamento, conhecimento, descobertas, compreensão e senso crítico de desenvolvimento para nós - educadores - e para os alunos também.

O percurso formativo que temos no colégio permite que entendamos o que é necessário ser realizado, porém, acredito que "um percurso anual" não seja o suficiente - afinal, demanda tempo e participação ativa dos professores - é necessário também promover a reflexão de um universo pós-pandemia, estudo híbrido e defasagem significativa dos alunos no geral, além da mudança do Novo Ensino Médio. Estamos tratando de mudanças constantes, o que por muitas vezes pode sobrecarregar (informações, tecnologias, notícias, atividades e dinâmicas...). O nosso percurso formativo permite a interação entre pares e unidades de uma forma que permite um caminho a ser seguido e automaticamente um objetivo a ser alcançado.

Gosto de refletir nesta pergunta, pois, se o ano a ser explorado fosse 2018/2019 teríamos com toda certeza outros argumentos, porém, ano 2022 é nosso marco! Percebo que temos diversos desafios desde a postura e dinâmica dos alunos em sala de aula, até mesmo com o conteúdo a ser trabalhado. Mas relacionando com todo o processo formativo, os desafios que encontramos estão interligados com a conexão de conteúdos interdisciplinares e autonomia dos alunos - desenvolvimento de projetos, pesquisas e atividades que saiam do "tradicional", quando falamos sobre itinerários formativos (ou disciplina que não tem provas PU/PT) encontro nos alunos um pensamento de "não preciso me preocupar, não preciso aprender, como e onde vou utilizar isso?", então, nosso trabalho é redobrado, pois, precisamos "linkar" os conteúdos e a aplicabilidade do conceito, tema, atividade e relevância do que estruturamos.

Finalizo considerando que as perguntas acima podem ser cíclicas, pois, quando respondemos sobre os desafios que encontramos instantaneamente considero e/ou reconsidero o nosso movimento, nossa transformação, a nossa contínua ação."

Maryana Gonçalves Eiras – professora de Biologia

Apêndice B –
Texto da autora sobre educar na pandemia

SOUZA, Beatriz dos Santos; SOUZA, Claudia Xavier da Costa; PUPATTO, Marcela Gomes; CAMPOS, Patrícia Pereira. Percursos da educação formal e não formal em tempos de pandemia. *In*: ALMEIDA, Fernando José de; ALMEIDA, Maria Elizabeth B. de; SILVA, Maria da Graça Moreira da (orgs.). **De Wuhan a Perdizes**: Trajetos educativos [recurso eletrônico]. São Paulo: EDUC, 2020. p. 78-92. Disponível em: https://www.pucsp.br/educ/downloads/trajetos_educativos.pdf. Acesso em: 19 maio 2021.

Percursos da educação formal e não formal em tempos de pandemia

3 Percursos na educação básica: um caminho construído

> Mantido pela Fundação de Rotarianos de São Paulo, o Colégio Rio Branco tem uma proposta pedagógica que entende a educação como uma construção constante. O aluno é motivado a assumir atitude de compromisso com o seu desenvolvimento pessoal, participando de seu processo de aprendizagem e interagindo, de forma responsável, na coletividade.
>
> O colégio atua para que crianças e jovens possam assumir seus direitos e deveres como cidadãos integrados, capazes de enfrentar um mundo em constante transformação (COLÉGIO RIO BRANCO, 2020, s/p).

A partir de 23 de março, em consonância com as determinações dos órgãos oficiais, reforçando o cuidado com a comunidade e apoiando a rede de ações de prevenção ao Coronavírus (Covid-19), o Colégio Rio Branco suspendeu as aulas presenciais e transferiu as relações de aprendizagem para o ensino remoto que permite dois movimentos: não abrir mão da responsabilidade pela aprendizagem dos alunos e colaborar para a saúde física da comunidade local e global.

O Colégio é uma escola referência *Google*, reconhecida por utilizar as plataformas *Google for Education* com alunos, educadores e colaboradores de forma integrada às atividades, com apoio da Nuvem Mestra, *partner premier* do *Google for Education* na América Latina. A utilização do *Google Classroom* ocorre a partir do 6º ano do Ensino Fundamental e a utilização de *Chromebooks* com CMC (*Chrome Management Console*) já estava na rotina escolar. Atualmente, a escola conta com 55 professores certificados no nível 1- *Educator*, 17 no nível 2 - *Educator*, e três no nível 3 - Trainer[2].

O processo de transição ocorreu com mais tranquilidade nos segmentos do Ensino Fundamental 2 e Ensino Médio em função dessa experiência. O desafio foi maior com a Educação Infantil e o Ensino Fundamental 1, primeiramente, em função da faixa etária que necessita de uma interação constante e próxima entre os pares e o professor. Nesses segmentos, o uso da tecnologia ocorria como estratégias metodológicas, em momentos pré-determinados e cuidadosamente planejados. Desta forma, foi necessária uma "virada de chave" para que o ensino remoto fosse o caminho exclusivo de aprendizagem.

O Colégio Rio Branco teve o que chamaram de "semana zero", durante a qual as famílias ficaram à vontade para decidir se levariam seus filhos à escola, afastaram os profissionais do grupo de risco e suspenderam cursos livres e avaliações. A equipe levantou voo para o ensino totalmente remoto. O modelo não-presencial foi marcado por vários desafios, mas também por muitas aprendizagens. Semana a semana, famílias, alunos e colaboradores recebiam o posicionamento para os próximos passos. As palavras-chaves para ação e comunicação foram: confiança, parceria, colaboração, tranquilidade e a imensa capacidade de adaptação.

Os professores de forma heroica fizeram as adaptações necessárias e desempenharam o seu trabalho com uma energia ímpar, combustível que permitiu flutuarem em voo cruzeiro. Críticas e sugestões foram a bússola para que mantivessem os profissionais do Colégio em pleno voo. Não abriram mão dos seus princípios, mas buscaram articular o espaço escolar que entrava no cotidiano familiar de maneira a respeitar e cuidar dessas relações; novos sentidos e perspectivas nasciam; mesmo distantes, precisavam mais do que nunca estarem perto e atentos um ao outro.

"Até breve", "Atenciosamente" e "Cordialmente" deram lugar ao "Cuidem-se!" "Fiquem bem!".

A rotina das aulas regulares, a interação entre alunos e professores, a realização de atividades e acompanhamento da mentoria escolar trouxeram segurança às famílias em relação à consistência do trabalho realizado.

Protocolos (Figura 1) e roteiros (Figura 2) foram orientando "o fazer" que experimentaram na prática, fruto de uma construção coletiva em que se fez necessário organizar e dar parâmetros, mas acima de tudo inovar. O cenário dinâmico exigiu a implementação de diversas ações nos âmbitos pedagógico, emocional e financeiro.

Figura 1: Protocolos.

> "Para a melhor conexão, desative o seu vídeo e o seu áudio. É importante que somente a tela do apresentador e do intérprete estejam visíveis.
>
> → Prefira fazer a reunião com um fone de ouvido e ative seu microfone quando quiser falar.
>
> → As perguntas deverão ser feitas pelo chat."

Fonte: Roteiro para Reuniões de Professores e Equipe Técnica - Colégio Rio Branco.

Figura 2: Roteiros de Aulas

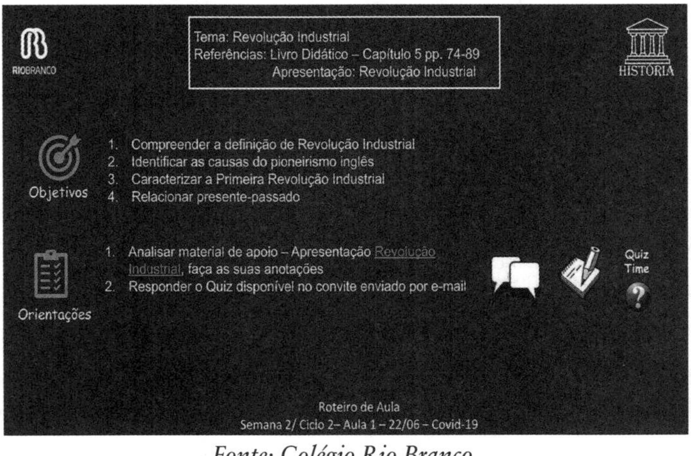

Fonte: Colégio Rio Branco.

Os encontros de formação docente foram e são permeados com perguntas reflexivas em busca da construção coletiva de respostas que estejam em consonância com os princípios da instituição: Como garantir uma comunicação eficaz? Como lidar com os imprevistos e com as situações quando fogem ao "controle"? Como é possível avaliar a aprendizagem dos alunos?

As TDICs deixam de funcionar como um recurso para entregar conteúdo e aulas expositivas, para funcionar como um elemento mediador da aprendizagem. Assim, as experiências digitais passam a ser construídas como possibilidades de buscar a personalização da aprendizagem (BACICH *et al.*, 2015). Nesse voo, enfrentaram turbulências, principalmente com as crianças menores: *drives, meetings, sites,* atividades assíncronas e síncronas, pequenos grupos; sempre se reinventando para atingi-los da melhor forma e conciliar, dentro do possível, a rotina, o *home office* dos pais, o afastamento dos avós, a timidez de algumas crianças e a desenvoltura de outras.

E quando tudo isso passar? E se não for possível voltar presencialmente? Provocações que fizeram a comunidade crescer, intensificar suas fortalezas, suas potências e sua capacidade de superação.

Por meio da interação e de pequenos vídeos enviados por mensagem foram chegando perto, afinal, a saudade, a tristeza dos dados epidêmicos em ascensão, as dores e "perdas chegando", aproximaram-se de cada casa, de cada um dos profissionais, alunos e famílias do Colégio. A saúde emocional da equipe, das crianças, dos jovens, dos gestores e das famílias sempre foram essenciais nesse convívio, para isto, ações foram implementadas: Sala de convivência virtual para os mais velhos; encontros de mentoria com as orientadoras educacionais; alunos tutores voluntários compartilhando seus saberes; café virtual com professores; debates, encontros com música e arte; *Padlet* (painel digital) com registros de aprendizagens dos professores, nomeado como Diário de Aprendizagens[3]; atenção à presença dos intérpretes para a participação da comunidade surda; atividades de engajamento social, entre tantas outras ações feitas para que pudessem fortalecer os vínculos e trazer as atividades, agora com nova roupagem, para amenizar a saudade. Não estão a frente e sim ao lado, e ao lado seguem e seguirão.

Com o prolongamento do período de isolamento e de distanciamento social que resultou na continuidade do trabalho remoto, ousaram com as avaliações digitais, pois acreditaram que não podiam interromper o processo de aprendizagem realizado até então. Não, para o Colégio Rio Branco o ano não estava e nem está perdido. A avaliação a distância pode trazer muitos questionamentos quanto à validade dos resultados obtidos, mas a experiência em si foi surpreendente para todos. Sim, os alunos conseguiram fazer a transposição dos conteúdos essenciais que aprenderam remotamente e as dificuldades foram mapeadas para ações de recuperação com possibilidades de serem retomadas.

O ensino remoto pode priorizar o **conteúdo** por meio de videoaulas indicadas ou produzidas pelos professores, textos de referência, simuladores, aplicativos, plataformas digitais externas ou as disponíveis nos livros didáticos. Os professores puderam, nesse contexto, solicitar preparo prévio para a próxima aula e utilizarem roteiros de estudo que auxiliaram na realização da atividade solicitada. Esse ensino também pode focar na **interação** de documentos compartilhados, fóruns, chats ou por debates online, utilizando-se reuniões por *Hangouts*. Puderam também trazer a **produção** por meio de tarefas de acordo com as especificidades e os objetivos de cada componente curricular. Como exemplos podem ser citados a produção de textos individuais ou em grupos, a elaboração de apresentações, de vídeos, de *podcasts*, a realização de exercícios, entre outros.

Procuraram equilibrar as vertentes do ensino remoto: conteúdo, interação e produção, não abrindo mão da conexão e da conectividade. Para tanto, a escolha baseou-se no princípio da interação entre aluno, professor e conteúdo, rompendo com o paradigma da instrução e assumindo o paradigma da comunicação como vetor do processo pedagógico.

Segundo Lilian Bacich (*et al.*, 2015), as TDICs favorecem a personalização, na coleta de dados e na identificação de quem são esses alunos, quais são suas dificuldades e facilidades, e como as experiências de aprendizagem podem melhor atender ao objetivo de desenvolver habilidades e competências. Portanto, elas vão muito além de oferecer uma aula gravada a alunos que não puderam estar presentes na escola. Ainda ressalta que entender os alunos como *prosumers*[4] que consomem, e também produzem no ambiente digital, é fundamental ao elaborar o desenho do papel das TDICs nesse momento.

Se elas forem usadas para reforçar o ensino centrado na figura do professor como um repositório do saber ao invés de focar a construção de um currículo crítico e democrático, perde-se a oportunidade de desenvolver o pensamento crítico e a participação ativa e transformadora, que tanto é necessário para que de maneira consciente se tenha um mundo mais digno para todos que vivem nele.

Os profissionais do Colégio aprenderam que trabalhar com indicadores ajuda a trilhar o caminho com mais segurança e respeito ao outro. Avaliaram este período por meio de pesquisas online com seus professores e alunos, e a partir dos dados que cruzaram entre as respostas dos alunos e dos professores puderam ter a comparabilidade dos dados e assim, replanejar o caminho e prepararem-se para a volta parcial e híbrida, sempre fazendo o que é necessário fazer para que todos da comunidade estejam em segurança.

Do quadro geral dos educadores que ali trabalham, 62,2% dos professores manifestaram que o ensino remoto supriu as necessidades de sua prática, 84,4% avaliaram sua interação com os alunos como boa e muito boa. Entre as preocupações trazidas em relação à prática no período de isolamento, apontaram o volume de trabalho, a preocupação com a presença dos alunos e sua aprendizagem, o medo de não dar certo e o estado emocional de todos os envolvidos. Enquanto aprendizagens, destacaram a importância de ouvir o aluno, da apropriação aos recursos tecnológicos, a capacidade de adaptação e de se importar mais com o outro. "Aprendi que meus colegas têm conhecimentos aos quais preciso me curvar e pedir ajuda. Aprendi que não sei tudo", disse uma professora em seu depoimento na avaliação.

Como questiona Gary Herbert, citado em palestra por Leandro Karnal (2020), "Se não você, então quem? Senão agora, então quando?". Assim prosseguem, certos de que impedir o conflito e desistir dos desafios é o impedimento para o crescimento.

Apêndice C –
Carta ao educador pesquisador: o registro

Prezado(a) Educador(a), como tem passado?

Tenho pensado muito em você, espero que esteja bem e que tenha conseguido se reinventar a cada novo desafio, e que a reinvenção lhe faça bem, o rejuvenesça, lhe traga o frescor do novo alicerçado na maturidade do saber da sua experiência.

Estava pensando outro dia no quanto é importante registrarmos nossa prática e o que aprendemos com ela.

Registrar é criar memória do que se faz, por meio da fotografia, do desenho, da escrita, enfim, da Arte como forma de expressão e perpetuação da experiência.

Escolho aqui a palavra escrita para dialogar com você. As palavras moram há um bom tempo comigo e se pudesse dar um conselho, lhe diria: leve-as com você também. Muitas vezes elas moram dentro de nós, estão lá como pedras brutas que não foram ainda esculpidas ou se quer lapidadas para explicitar o que pensamos.

As ideias que insistem em andar pelos nossos pensamentos e pulsar em nossas mentes ficarão fechadas dentro de nós para sempre se não eternizadas pelo código escrito.

A palavra pode ser dita, pode gerar uma boa conversa, um bom diálogo, pode contar boas histórias, afinal boas histórias devem ser contadas, porém quando a palavra é escrita ela é eternizada e pode ajudar muito e a muitos. O interlocutor-leitor sempre fará sua leitura e representação, mas a interpretação tem o sentido que o léxico lhe permite e assim não se esvai, ao contrário, se multiplica, se ressignifica, mantém a essência.

O olhar curioso, movido pelas inquietações que moram em nós, despertam perguntas que precisam ser respondidas. O olhar investigativo nos lança à busca de proposições e é pela nossa escrita que nos distinguimos de tantos outros caminhos tomados e construídos. Ela, a escrita, nos revela como observadores e pesquisadores de forma identitária.

Ao escolher as palavras damos vida à expressão artística de nós mesmos. Brigamos com elas, mas é uma luta em vão, as palavras não precisam ser muitas, nem difíceis, precisam ser suficientes para revelar o que de importante queremos dizer. São carregadas de significados e reveladoras da nossa história vivida, sabida e construída. Que história queremos contar?

Nossa escrita deve ser precursora de novos caminhos, mesmo que nascida de caminhos já conhecidos, deve revelar o novo, o inusitado, não há texto perfeito nem definitivo. Por isso elas moram lá, onde escrevemos, para serem revisitadas, ressignificadas e compartilhadas, pois é na conversa com os outros que enriquecemos os nossos próprios trajetos.

A perfeição é ilusória, precisamos ter a coragem de nos assumir imperfeitos e saber colocar um ponto final quando já dissemos o que queríamos e devíamos dizer.

As palavras do educador português António Nóvoa[2] (2015) que, também, em uma carta conversava conosco falaram alto comigo, palavras essas que foram escritas e se perpetuaram em mim, espero que toquem se perpetuem também em você.

> [...] "Errem, sejam preguiçosos e irrelevantes, mas não deixe de ser relevante, esforça-te para equilibrar valores da verdade, da justiça e da beleza. Entre dentro de si, o importante é o que cada um faz com a vida, pois a certeza é a distância mais curta para a ignorância, é preciso ter dúvida, deixe um espaço para saberes de ti dizia ele, ninguém se conhece sem partir, divide-te em partes, pois sem viagem não há conhecimento, sem transgressão não há descoberta, não há criação, não há ciência. A fronteira é o lugar do diálogo e dos encontros.

Gosto muito de emprestar palavras que de tão bonitas e bem escolhidas não se desgastam com o tempo, pelo contrário, criam vida, vida nova e abundante, como em um devir. Caro(a) leitor(a) escreva, registre suas perguntas e descobertas, siga firme no caminho da transformação do educar.

---

2 1 Conferência de abertura do XII Congresso da Sociedade Portuguesa de Ciências da Educação (Vila Real, 11 de setembro de 2014).

Anexo A – Pauta de formação: oficina *Question Formulation Technique* (QFT)

RIOBRANCO | Colégio
Encontro Riobranquino de Planejamento 27/01/2021

Orientações	• Para a melhor conexão **desative o seu vídeo e o seu áudio**. É importante que somente a tela do apresentador e do intérprete estejam visíveis. • Prefira fazer a reunião com fones de ouvido e ative o microfone quando quiser falar. • Caso tenha perguntas, use o recurso "levantar a mão" do Google Meet para pedir a palavra ou escreva no *chat*. • **Para poder acessar os arquivos usados na reunião, você precisa estar logado/a no e-mail do colégio.**
Foco	Oficina QFT (Question Formulation Technique) *Como ajudar os alunos a fazer boas perguntas?*
Sensibilização	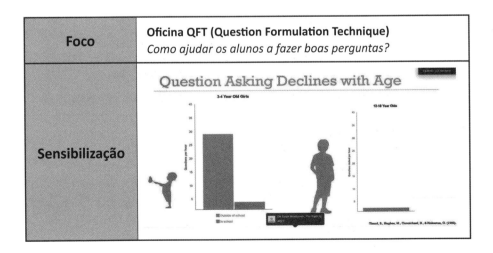

	Recepção das equipes e apresentação dos objetivos

14h - 14h15	• Apresentação do *QFocus*. (*sensibilização*)
	  ○ Que perguntas podemos fazer?
	  ○ Mentimeter
	• Construção coletiva dos objetivos.
	• Conhecer os conceitos da metodologia QFT;
	• Refletir sobre as aplicações práticas em ambiente híbrido;
	• Reconhecer como uma estratégia para projetos.

	Desenvolvimento
14h15 - 14h45	**Momento 1** *Apresentação* • Apresentação das propostas Metodológicas do QFT. ○ Slides - Piktochart
14h45 - 15h10	**Momento 2** *QFocus* Apresentação do **QFocus** • Professores se dividirão em equipes de 3 (ou mais) participantes, cada um com **seu cartaz.** • Acesse o painel do seu grupo no Jamboard **Produzir Questões** • Apresentação das 4 regras • Cada equipe será tutorada por um coordenador. • Os participantes deverão produzir o máximo de questões que conseguirem dentro do tempo estipulado. *Obs*: Todas as afirmações deverão se transformar em perguntas.
15h10 - 15h30	**Momento 3** *Aprimorar perguntas* • Os grupos deverão separar as perguntas em duas colunas, ainda na plataforma Jam Board; • Uma coluna com as questões que podem ser respondidas com "Sim" ou "Não", e outra com as questões de explanação. • Os grupos deverão transformar as perguntas de "Sim" ou "Não" em perguntas de explanação e estas, em perguntas de "Sim" ou "Não".

15h30 - **15h45**	**Momento 4** *Pensar estrategicamente* • Cada equipe deverá priorizar as 5 perguntas mais importantes que foram elaboradas, enumerando-as de 1 a 5. • As equipes elaboram um cartaz (slide, jam board, doc...) com as perguntas escolhidas em ordem de prioridade. • As equipes, de volta a sala principal, apresentam em 1 minuto as suas perguntas, explicando o porquê da priorização.
15h45 - **16h**	**Momento 5A** *Refletir sobre o processo* • Microfone aberto: ○ Como foi o processo e as percepções que tivemos?
16h - **16h10**	**Sistematização**
	O papel do professor • As quatro regras do professor.
16h10 - **16h40**	**Criar o Q Focus** • Estratégias para criação e validação do QFocus (situação problema).
16h40 - **16h50**	**Facilitação do processo** • Apresentação e discussão: As regras para a facilitação do processo.
16h50 - **17h**	**Fechamento**
	• Como podemos usar a metodologia para nossas aulas? ○ Forms

Material elaborado por Henrique Bono Lopes e oficina desenvolvida por ele e Carolina Sperandio Costa – ambos coordenadores pedagógicos em 2021.